NE 능률

기본 연산
Check-Book

KB085074

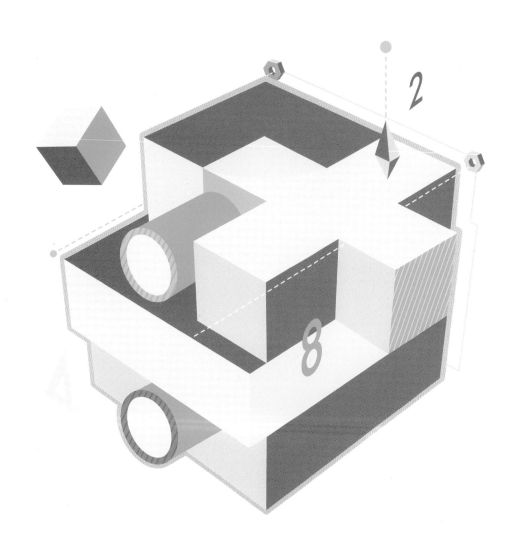

6세 4호

한 자리 수의 뺄셈과 세 수의 계산

① 4−1 = ☐　　② 6−5 = ☐　　③ 9−8 = ☐

④ 7−6 = ☐　　⑤ 8−6 = ☐　　⑥ 3−2 = ☐

⑦ 8−2 = ☐　　⑧ 7−2 = ☐　　⑨ 5−2 = ☐

⑩ 3−1 = ☐　　⑪ 9−4 = ☐　　⑫ 8−3 = ☐

⑬ 9−3 = ☐　　⑭ 7−3 = ☐　　⑮ 4−2 = ☐

⑯ 7−1 = ☐　　⑰ 8−4 = ☐　　⑱ 9−2 = ☐

⑲
```
    5
  − 2
  ───
   ☐
```
⑳
```
    8
  − 4
  ───
   ☐
```
㉑
```
    7
  − 3
  ───
   ☐
```
㉒
```
    3
  − 2
  ───
   ☐
```

㉓
```
    9
  − 7
  ───
   ☐
```
㉔
```
    7
  − 6
  ───
   ☐
```
㉕
```
    4
  − 3
  ───
   ☐
```
㉖
```
    6
  − 4
  ───
   ☐
```

자르는 선

㉗ $6-1=\boxed{}$　　㉘ $8-7=\boxed{}$　　㉙ $4-3=\boxed{}$

㉚ $9-7=\boxed{}$　　㉛ $5-4=\boxed{}$　　㉜ $8-1=\boxed{}$

㉝ $7-4=\boxed{}$　　㉞ $9-5=\boxed{}$　　㉟ $5-1=\boxed{}$

㊱ $2-1=\boxed{}$　　㊲ $6-3=\boxed{}$　　㊳ $7-5=\boxed{}$

㊴ $9-1=\boxed{}$　　㊵ $8-5=\boxed{}$　　㊶ $7-3=\boxed{}$

㊷ $6-4=\boxed{}$　　㊸ $6-1=\boxed{}$　　㊹ $9-6=\boxed{}$

㊺
$$\begin{array}{r} 5 \\ -\ 4 \\ \hline \boxed{} \end{array}$$

㊻
$$\begin{array}{r} 4 \\ -\ 1 \\ \hline \boxed{} \end{array}$$

㊼
$$\begin{array}{r} 6 \\ -\ 3 \\ \hline \boxed{} \end{array}$$

㊽
$$\begin{array}{r} 3 \\ -\ 1 \\ \hline \boxed{} \end{array}$$

㊾
$$\begin{array}{r} 8 \\ -\ 7 \\ \hline \boxed{} \end{array}$$

㊿
$$\begin{array}{r} 7 \\ -\ 5 \\ \hline \boxed{} \end{array}$$

51
$$\begin{array}{r} 9 \\ -\ 5 \\ \hline \boxed{} \end{array}$$

52
$$\begin{array}{r} 8 \\ -\ 2 \\ \hline \boxed{} \end{array}$$

자르는 선

두 수의 차

❶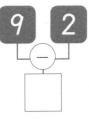

❷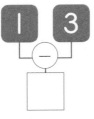

❸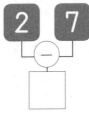

❹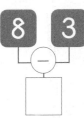

❺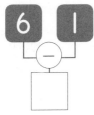

❻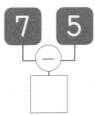

❼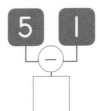

❽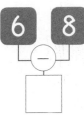

❾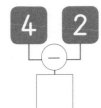

❿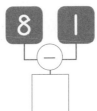

⓫

⓬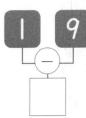

⓭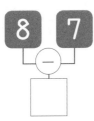

⓮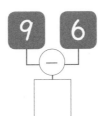

⓯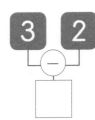

⓰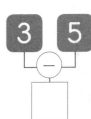

⓱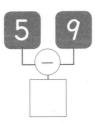

⓲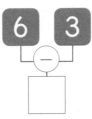

⓳

⓴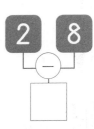

㉑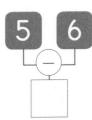

㉒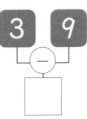

㉓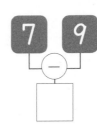

㉔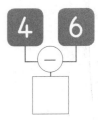

"2주 두 수의 차" and "월 일"

㉕ 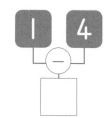 ㉖ 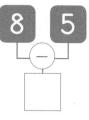 ㉗ 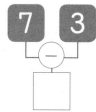 ㉘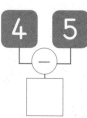

㉙ 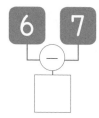 ㉚ 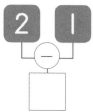 ㉛ 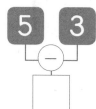 ㉜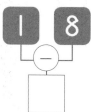

㉝ 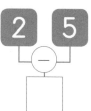 ㉞ 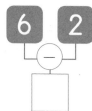 ㉟ 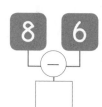 ㊱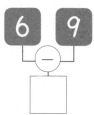

㊲ 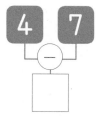 ㊳  ㊴ 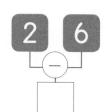 ㊵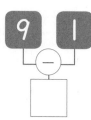

㊶ 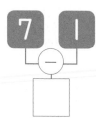 ㊷  ㊸ 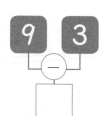 ㊹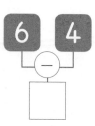

㊺ 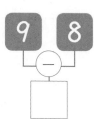 ㊻ 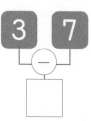 ㊼ 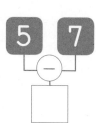 ㊽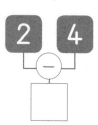

❶ $4 - \square = 1$ ❷ $7 - \square = 2$ ❸ $5 - \square = 1$

❹ $9 - \square = 4$ ❺ $6 - \square = 1$ ❻ $8 - \square = 2$

❼ $7 - \square = 4$ ❽ $5 - \square = 2$ ❾ $2 - \square = 1$

❿ $4 - \square = 3$ ⓫ $9 - \square = 1$ ⓬ $6 - \square = 2$

⓭ $8 - \square = 6$ ⓮ $3 - \square = 1$ ⓯ $7 - \square = 5$

⓰ $5 - \square = 4$ ⓱ $6 - \square = 5$ ⓲ $4 - \square = 2$

⓳ $\begin{array}{r} 3 \\ -\ \square \\ \hline 2 \end{array}$ ⓴ $\begin{array}{r} 9 \\ -\ \square \\ \hline 6 \end{array}$ ㉑ $\begin{array}{r} 5 \\ -\ \square \\ \hline 3 \end{array}$ ㉒ $\begin{array}{r} 6 \\ -\ \square \\ \hline 3 \end{array}$

㉓ $\begin{array}{r} 6 \\ -\ \square \\ \hline 4 \end{array}$ ㉔ $\begin{array}{r} 7 \\ -\ \square \\ \hline 6 \end{array}$ ㉕ $\begin{array}{r} 8 \\ -\ \square \\ \hline 5 \end{array}$ ㉖ $\begin{array}{r} 9 \\ -\ \square \\ \hline 2 \end{array}$

㉗ □ − 4 = 1   ㉘ □ − 3 = 4   ㉙ □ − 1 = 3

㉚ □ − 2 = 4   ㉛ □ − 2 = 3   ㉜ □ − 2 = 5

㉝ □ − 6 = 3   ㉞ □ − 2 = 1   ㉟ □ − 1 = 8

㊱ □ − 2 = 6   ㊲ □ − 7 = 2   ㊳ □ − 3 = 3

㊴ □ − 1 = 2   ㊵ □ − 4 = 3   ㊶ □ − 1 = 2

㊷ □ − 2 = 4   ㊸ □ − 3 = 1   ㊹ □ − 2 = 3

㊺
$$\begin{array}{r} \square \\ -\ 3 \\ \hline 5 \end{array}$$

㊻
$$\begin{array}{r} \square \\ -\ 3 \\ \hline 2 \end{array}$$

㊼
$$\begin{array}{r} \square \\ -\ 5 \\ \hline 2 \end{array}$$

㊽
$$\begin{array}{r} \square \\ -\ 1 \\ \hline 5 \end{array}$$

㊾
$$\begin{array}{r} \square \\ -\ 1 \\ \hline 2 \end{array}$$

㊿
$$\begin{array}{r} \square \\ -\ 5 \\ \hline 4 \end{array}$$

�51
$$\begin{array}{r} \square \\ -\ 4 \\ \hline 4 \end{array}$$

�52
$$\begin{array}{r} \square \\ -\ 4 \\ \hline 1 \end{array}$$

자르는 선

❶

−	1	2
3		
4		

❷

−	1	2
5		
6		

❸

−	1	2
7		
8		

❹

−	4	3
9		
8		

❺

−	3	4
7		
6		

❻

−	3	4
5		
9		

❼

−	6	5
7		
8		

❽

−	5	6
9		
7		

❾

−	6	7
8		
9		

❿

−	2	5
6		
8		

⓫

−	3	4
7		
5		

⓬

−	4	7
9		
8		

⑬

−	4	1
9		
8		

⑭

−	2	3
7		
6		

⑮

−	5	6
7		
9		

⑯

−	2	6
8		
7		

⑰

−	7	6
9		
8		

⑱

−	5	4
7		
8		

⑲

−	3	4
6		
9		

⑳

−	4	3
6		
5		

㉑

−	2	7
9		
8		

㉒

−	5	2
7		
6		

㉓

−	5	1
6		
8		

㉔

−	3	5
7		
9		

세 수의 덧셈 (1)

① $7+1+1=\boxed{}$

② $1+1+1=\boxed{}$

③ $3+1+3=\boxed{}$

④ $6+1+1=\boxed{}$

⑤ $4+1+1=\boxed{}$

⑥ $1+2+3=\boxed{}$

⑦ $5+1+2=\boxed{}$

⑧ $2+5+2=\boxed{}$

⑨ $2+2+2=\boxed{}$

⑩ $1+2+1=\boxed{}$

⑪ $3+1+4=\boxed{}$

⑫ $4+1+2=\boxed{}$

⑬ $6+1+2=\boxed{}$

⑭ $1+4+4=\boxed{}$

⑮ $2+1+2=\boxed{}$

⑯ $5+3+1=\boxed{}$

⑰ $2+2+4=\boxed{}$

⑱ $3+4+2=\boxed{}$

⑲ $1+3+1=\boxed{}$

⑳ $1+1+5=\boxed{}$

㉑ $3+2+2=$ □ 　　㉒ $2+2+1=$ □

㉓ $2+1+4=$ □ 　　㉔ $4+1+3=$ □

㉕ $3+3+3=$ □ 　　㉖ $1+1+2=$ □

㉗ $1+1+4=$ □ 　　㉘ $3+2+3=$ □

㉙ $4+4+1=$ □ 　　㉚ $3+3+1=$ □

㉛ $2+4+3=$ □ 　　㉜ $4+2+2=$ □

㉝ $3+2+1=$ □ 　　㉞ $1+6+1=$ □

㉟ $1+1+7=$ □ 　　㊱ $2+1+6=$ □

㊲ $3+5+1=$ □ 　　㊳ $3+1+1=$ □

㊴ $2+1+5=$ □ 　　㊵ $5+1+1=$ □

① $1+1+\boxed{}=3$

② $1+2+\boxed{}=4$

③ $3+3+\boxed{}=9$

④ $5+1+\boxed{}=8$

⑤ $1+5+\boxed{}=7$

⑥ $6+1+\boxed{}=8$

⑦ $1+3+\boxed{}=9$

⑧ $2+1+\boxed{}=5$

⑨ $1+\boxed{}+2=9$

⑩ $4+\boxed{}+2=7$

⑪ $1+\boxed{}+3=6$

⑫ $3+\boxed{}+2=7$

⑬ $2+\boxed{}+4=8$

⑭ $3+\boxed{}+3=7$

⑮ $\boxed{}+2+3=8$

⑯ $\boxed{}+1+1=9$

⑰ $\boxed{}+4+4=9$

⑱ $\boxed{}+2+2=6$

⑲ $\boxed{}+4+2=9$

⑳ $\boxed{}+1+1=6$

㉑ $7 + 1 + \boxed{} = 9$

㉒ $2 + 2 + \boxed{} = 9$

㉓ $2 + 2 + \boxed{} = 6$

㉔ $6 + 2 + \boxed{} = 9$

㉕ $4 + 1 + \boxed{} = 6$

㉖ $6 + 1 + \boxed{} = 8$

㉗ $1 + 3 + \boxed{} = 5$

㉘ $1 + 2 + \boxed{} = 6$

㉙ $5 + \boxed{} + 2 = 9$

㉚ $2 + \boxed{} + 1 = 4$

㉛ $3 + \boxed{} + 4 = 8$

㉜ $5 + \boxed{} + 1 = 8$

㉝ $3 + \boxed{} + 2 = 9$

㉞ $1 + \boxed{} + 4 = 9$

㉟ $\boxed{} + 3 + 3 = 8$

㊱ $\boxed{} + 2 + 1 = 5$

㊲ $\boxed{} + 1 + 1 = 5$

㊳ $\boxed{} + 1 + 1 = 3$

㊴ $\boxed{} + 1 + 5 = 7$

㊵ $\boxed{} + 4 + 2 = 8$

자르는 선

❶ 3−1−1=☐

❷ 5−1−2=☐

❸ 8−4−3=☐

❹ 6−1−1=☐

❺ 7−1−1=☐

❻ 8−6−1=☐

❼ 8−1−2=☐

❽ 7−5−1=☐

❾ 9−1−2=☐

❿ 7−1−2=☐

⓫ 4−1−2=☐

⓬ 9−2−2=☐

⓭ 9−2−6=☐

⓮ 5−2−2=☐

⓯ 8−2−4=☐

⓰ 9−3−2=☐

⓱ 9−7−2=☐

⓲ 8−2−1=☐

⓳ 9−6−1=☐

⓴ 5−1−3=☐

㉑ $5-1-2=\boxed{}$　　　㉒ $4-1-1=\boxed{}$

㉓ $8-3-2=\boxed{}$　　　㉔ $9-1-4=\boxed{}$

㉕ $6-1-3=\boxed{}$　　　㉖ $7-3-2=\boxed{}$

㉗ $4-2-1=\boxed{}$　　　㉘ $8-4-1=\boxed{}$

㉙ $7-4-2=\boxed{}$　　　㉚ $5-3-1=\boxed{}$

㉛ $6-4-1=\boxed{}$　　　㉜ $7-2-2=\boxed{}$

㉝ $9-4-3=\boxed{}$　　　㉞ $8-5-2=\boxed{}$

㉟ $7-2-4=\boxed{}$　　　㊱ $9-1-6=\boxed{}$

㊲ $9-4-1=\boxed{}$　　　㊳ $6-2-1=\boxed{}$

㊴ $6-3-2=\boxed{}$　　　㊵ $9-5-2=\boxed{}$

자르는 선

❶ $5+4-2=\boxed{}$

❷ $2+6-3=\boxed{}$

❸ $2+5-4=\boxed{}$

❹ $3+4-5=\boxed{}$

❺ $3+2-3=\boxed{}$

❻ $2-1+2=\boxed{}$

❼ $3+3-1=\boxed{}$

❽ $5+3-4=\boxed{}$

❾ $7+2-5=\boxed{}$

❿ $4+1-1=\boxed{}$

⓫ $5+1-2=\boxed{}$

⓬ $6+1-3=\boxed{}$

⓭ $4+4-6=\boxed{}$

⓮ $2+7-5=\boxed{}$

⓯ $2+2-1=\boxed{}$

⓰ $6+3-8=\boxed{}$

⓱ $1+4-2=\boxed{}$

⓲ $1+8-7=\boxed{}$

⓳ $7+1-6=\boxed{}$

⓴ $3+5-4=\boxed{}$

㉑ $7-6+5=$ ☐

㉒ $8-5+4=$ ☐

㉓ $6-4+2=$ ☐

㉔ $9-5+1=$ ☐

㉕ $8-6+4=$ ☐

㉖ $7-1+2=$ ☐

㉗ $9-3+1=$ ☐

㉘ $7-5+7=$ ☐

㉙ $6-2+3=$ ☐

㉚ $8-3+3=$ ☐

㉛ $8-4+2=$ ☐

㉜ $6-3+5=$ ☐

㉝ $7-4+6=$ ☐

㉞ $9-4+2=$ ☐

㉟ $4-1+5=$ ☐

㊱ $5-4+6=$ ☐

㊲ $5-3+7=$ ☐

㊳ $8-7+8=$ ☐

㊴ $9-6+3=$ ☐

㊵ $7-3+4=$ ☐

자르는 선

정 답

1주 한 자리 수의 뺄셈

1~2쪽

❶ 3	❷ 1	❸ 1	❹ 1	❺ 2	❻ 1	❼ 6	❽ 5	❾ 3	❿ 2	⓫ 5	⓬ 5
⓭ 6	⓮ 4	⓯ 2	⓰ 6	⓱ 4	⓲ 7	⓳ 3	⓴ 4	㉑ 4	㉒ 1	㉓ 2	㉔ 1
㉕ 1	㉖ 2	㉗ 5	㉘ 1	㉙ 1	㉚ 2	㉛ 1	㉜ 7	㉝ 3	㉞ 4	㉟ 4	㊱ 1
㊲ 3	㊳ 2	㊴ 8	㊵ 3	㊶ 4	㊷ 2	㊸ 5	㊹ 3	㊺ 1	㊻ 3	㊼ 3	㊽ 2
㊾ 1	㊿ 2	51 4	52 6								

2주 두 수의 차

3~4쪽

❶ 7	❷ 2	❸ 5	❹ 5	❺ 5	❻ 2	❼ 4	❽ 2	❾ 2	❿ 7	⓫ 5	⓬ 8
⓭ 1	⓮ 3	⓯ 1	⓰ 2	⓱ 4	⓲ 3	⓳ 1	⓴ 6	㉑ 1	㉒ 6	㉓ 2	㉔ 2
㉕ 3	㉖ 3	㉗ 4	㉘ 1	㉙ 1	㉚ 1	㉛ 2	㉜ 7	㉝ 3	㉞ 4	㉟ 2	㊱ 3
㊲ 3	㊳ 1	㊴ 4	㊵ 8	㊶ 6	㊷ 4	㊸ 6	㊹ 2	㊺ 1	㊻ 4	㊼ 2	㊽ 2

3주 □가 있는 뺄셈

5~6쪽

❶ 3	❷ 5	❸ 4	❹ 5	❺ 5	❻ 6	❼ 3	❽ 3	❾ 1	❿ 1	⓫ 8	⓬ 4
⓭ 2	⓮ 2	⓯ 2	⓰ 1	⓱ 1	⓲ 2	⓳ 1	⓴ 3	㉑ 2	㉒ 3	㉓ 2	㉔ 1
㉕ 3	㉖ 7	㉗ 5	㉘ 7	㉙ 4	㉚ 6	㉛ 5	㉜ 7	㉝ 9	㉞ 3	㉟ 9	㊱ 8
㊲ 9	㊳ 6	㊴ 3	㊵ 7	㊶ 3	㊷ 6	㊸ 4	㊹ 5	㊺ 8	㊻ 5	㊼ 7	㊽ 6
㊾ 3	㊿ 9	51 8	52 5								

4주 문제 해결 뺄셈

7~8쪽

❶ 2, 1, 3, 2	❷ 4, 3, 5, 4	❸ 6, 5, 7, 6	❹ 5, 6, 4, 5	❺ 4, 3, 3, 2	❻ 2, 1, 6, 5
❼ 1, 2, 2, 3	❽ 4, 3, 2, 1	❾ 2, 1, 3, 2	❿ 4, 1, 6, 3	⓫ 4, 3, 2, 1	⓬ 5, 2, 4, 1
⓭ 5, 8, 4, 7	⓮ 5, 4, 4, 3	⓯ 2, 1, 4, 3	⓰ 6, 2, 5, 1	⓱ 2, 3, 1, 2	⓲ 2, 3, 3, 4
⓳ 3, 2, 6, 5	⓴ 2, 3, 1, 2	㉑ 7, 2, 6, 1	㉒ 2, 5, 1, 4	㉓ 1, 5, 3, 7	㉔ 4, 2, 6, 4

5주 세 수의 덧셈 (1)

9~10쪽

❶ 9	❷ 3	❸ 7	❹ 8	❺ 6	❻ 6	❼ 8	❽ 9	❾ 6	❿ 4	⓫ 8	⓬ 7
⓭ 9	⓮ 9	⓯ 5	⓰ 9	⓱ 8	⓲ 9	⓳ 5	⓴ 7	㉑ 7	㉒ 5	㉓ 7	㉔ 8
㉕ 9	㉖ 4	㉗ 6	㉘ 8	㉙ 9	㉚ 7	㉛ 9	㉜ 8	㉝ 6	㉞ 8	㉟ 9	㊱ 9
㊲ 9	㊳ 5	㊴ 8	㊵ 7								

6주 세 수의 덧셈 (2)

11~12쪽

❶ 1	❷ 1	❸ 3	❹ 2	❺ 1	❻ 1	❼ 5	❽ 2	❾ 6	❿ 1	⓫ 2	⓬ 2
⓭ 2	⓮ 1	⓯ 3	⓰ 7	⓱ 1	⓲ 2	⓳ 3	⓴ 4	㉑ 1	㉒ 5	㉓ 2	㉔ 1
㉕ 1	㉖ 1	㉗ 1	㉘ 3	㉙ 2	㉚ 1	㉛ 1	㉜ 2	㉝ 4	㉞ 4	㉟ 2	㊱ 2
㊲ 3	㊳ 1	㊴ 1	㊵ 2								

7주 세 수의 뺄셈

13~14쪽

❶ 1	❷ 2	❸ 1	❹ 4	❺ 5	❻ 1	❼ 5	❽ 1	❾ 6	❿ 4	⓫ 1	⓬ 5
⓭ 1	⓮ 1	⓯ 2	⓰ 4	⓱ 0	⓲ 5	⓳ 2	⓴ 1	㉑ 2	㉒ 2	㉓ 3	㉔ 4
㉕ 2	㉖ 2	㉗ 1	㉘ 3	㉙ 1	㉚ 1	㉛ 1	㉜ 3	㉝ 3	㉞ 1	㉟ 1	㊱ 2
㊲ 4	㊳ 3	㊴ 1	㊵ 2								

8주 세 수의 덧셈과 뺄셈

15~16쪽

❶ 7	❷ 5	❸ 3	❹ 2	❺ 2	❻ 3	❼ 5	❽ 4	❾ 4	❿ 4	⓫ 4	⓬ 4
⓭ 2	⓮ 4	⓯ 3	⓰ 1	⓱ 3	⓲ 2	⓳ 2	⓴ 4	㉑ 6	㉒ 7	㉓ 4	㉔ 5
㉕ 6	㉖ 8	㉗ 7	㉘ 9	㉙ 7	㉚ 7	㉛ 9	㉜ 8	㉝ 9	㉞ 7	㉟ 8	㊱ 7
㊲ 9	㊳ 9	㊴ 6	㊵ 8								

사고셈

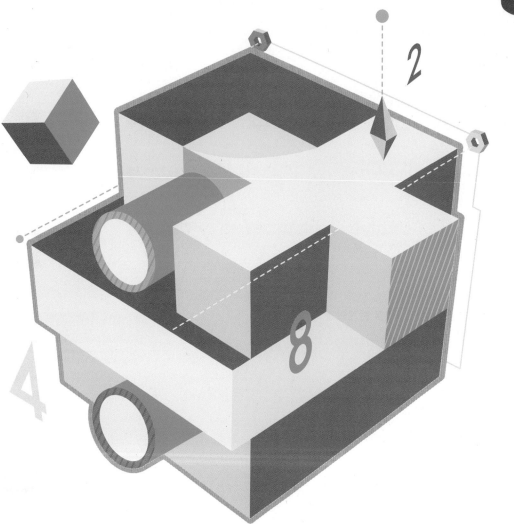

6세 4호

이 책의 구성과 특징

생각의 힘을 키우는 사고(思考)셈은 1주 4개, 8주 32개의 사고력 유형 학습을 통해 수와 연산에 대한 개념의 응용력(추론 및 문제해결능력)을 키울 수 있도록 하였습니다.

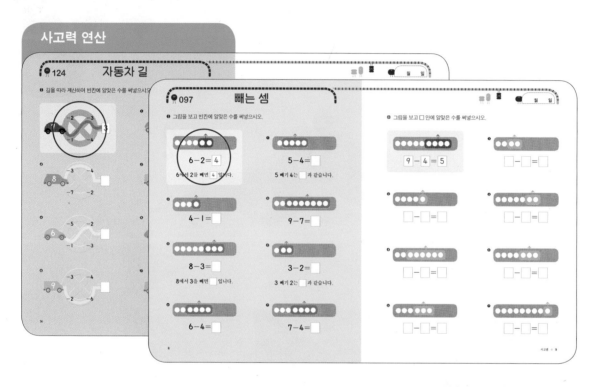

✦ 대표 사고력 유형으로 연산 원리를 쉽게쉽게
✦ 1~4일차: 다양한 유형의 주 진도 학습

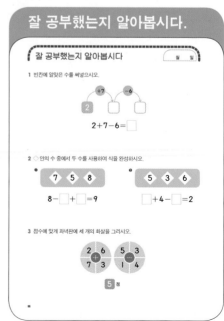

✦ 5일차 점검 학습: 주 진도 학습 확인

○ 권두부록 (기본연산 Check-Book)

기본연산 Check-Book

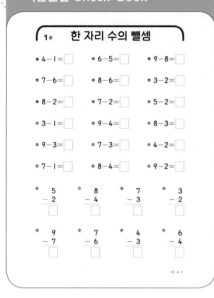

1주 **한 자리 수의 뺄셈**

- 4−1=☐
- 6−5=☐
- 9−8=☐
- 7−6=☐
- 8−6=☐
- 3−2=☐
- 8−2=☐
- 7−2=☐
- 5−2=☐
- 3−1=☐
- 9−4=☐
- 8−3=☐
- 9−3=☐
- 7−3=☐
- 4−2=☐
- 7−1=☐
- 8−4=☐
- 9−2=☐

| 5 −2 | 8 −4 | 7 −3 | 3 −2 |
| 9 −7 | 7 −6 | 4 −3 | 6 −4 |

1주 한 자리 수의 뺄셈   월 일

- 6−1=☐
- 8−7=☐
- 4−3=☐
- 9−7=☐
- 5−4=☐
- 8−1=☐
- 7−4=☐
- 9−5=☐
- 5−1=☐
- 2−1=☐
- 6−3=☐
- 7−5=☐
- 9−1=☐
- 8−5=☐
- 7−3=☐
- 6−4=☐
- 6−1=☐
- 9−6=☐

| 5 −4 | 4 −1 | 6 −3 | 3 −1 |
| 8 −7 | 7 −5 | 9 −5 | 8 −2 |

● 본 학습 전 기본연산 실력 진단

○ 권말부록 (G-Book)

Guide Book(정답 및 해설)

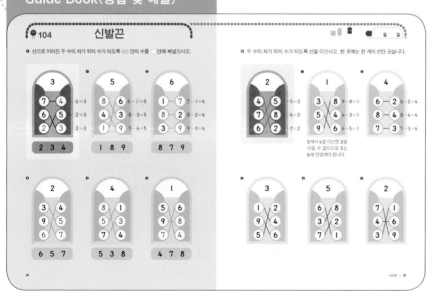

104   신발끈

● 문제와 답을 한 눈에!

● 상세한 풀이와 친절한 해설, 답

학습 효과 및 활용법

.... ◢ 학습 효과

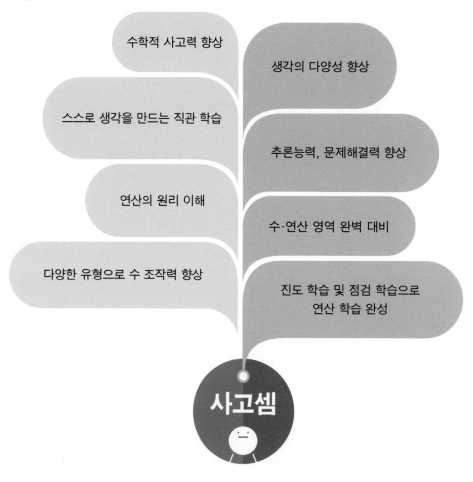

수학적 사고력 향상

스스로 생각을 만드는 직관 학습

연산의 원리 이해

다양한 유형으로 수 조작력 향상

생각의 다양성 향상

추론능력, 문제해결력 향상

수·연산 영역 완벽 대비

진도 학습 및 점검 학습으로
연산 학습 완성

사고셈

.... ◢ 주차별 활용법

1단계
기본연산
Check-Book으로
준비 학습

→

2단계
사고력 유형으로
진도 학습

→

3단계
마무리 문제로
점검 학습

1단계 : 기본연산 Check-Book으로 사고력 연산을 위한 준비 학습을 합니다.
2단계 : 사고력 유형으로 사고력 연산의 진도 학습을 합니다.
3단계 : 한 주마다 점검 학습(잘 공부했는지 알아봅시다)으로 사고력 향상을 확인합니다.

학습 구성

6세

1호	10까지의 수
2호	더하기 빼기 1과 2
3호	합이 9까지인 덧셈
4호	한 자리 수의 뺄셈과 세 수의 계산

7세

1호	한 자리 수의 덧셈과 뺄셈
2호	10 만들기
3호	50까지의 수
4호	더하기 빼기 1과 2, 10과 20

초등 1

1호	덧셈구구
2호	뺄셈구구와 덧셈, 뺄셈 혼합
3호	100까지의 수, 1000까지의 수
4호	받아올림, 받아내림 없는 두 자리 수의 계산

초등 2

1호	두 자리 수와 한 자리 수의 덧셈과 뺄셈
2호	두 자리 수의 덧셈과 뺄셈
3호	곱셈구구
4호	곱셈과 나눗셈 구구

초등 3

1호	세·네 자리 수의 덧셈과 뺄셈
2호	분수와 소수의 기초
3호	두 자리 수의 곱셈과 나눗셈
4호	분수

초등 4

1호	분수의 덧셈과 뺄셈
2호	혼합 계산
3호	소수의 덧셈과 뺄셈
4호	어림하기

이 책의 학습 로드맵

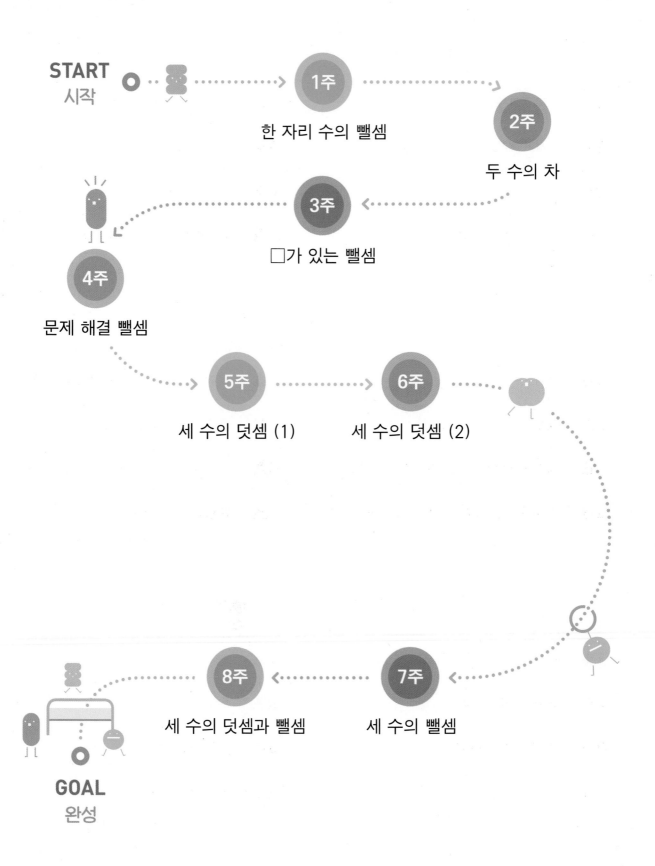

START
시작

1주
한 자리 수의 뺄셈

2주
두 수의 차

3주
□가 있는 뺄셈

4주
문제 해결 뺄셈

5주
세 수의 덧셈 (1)

6주
세 수의 덧셈 (2)

7주
세 수의 뺄셈

8주
세 수의 덧셈과 뺄셈

GOAL
완성

1

한 자리 수의 뺄셈

빼는 셈

◑ 그림을 보고 빈칸에 알맞은 수를 써넣으시오.

$6-2=\boxed{4}$

6에서 2를 빼면 $\boxed{4}$ 입니다.

❶

$5-4=\boxed{}$

5 빼기 4는 $\boxed{}$ 과 같습니다.

❷

$4-1=\boxed{}$

❸

$9-7=\boxed{}$

❹

$8-3=\boxed{}$

8에서 3을 빼면 $\boxed{}$ 입니다.

❺

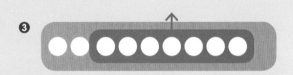

$3-2=\boxed{}$

3 빼기 2는 $\boxed{}$ 과 같습니다.

❻

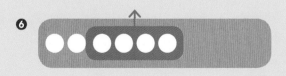

$6-4=\boxed{}$

❼

$7-4=\boxed{}$

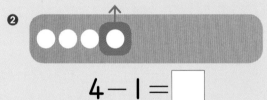

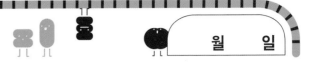

● 그림을 보고 □ 안에 알맞은 수를 써넣으시오.

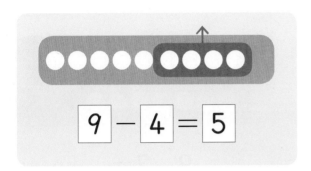

$$9 - 4 = 5$$

❶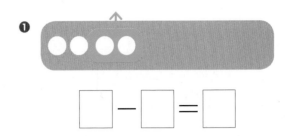

$$\square - \square = \square$$

❷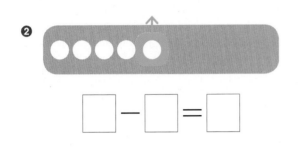

$$\square - \square = \square$$

❸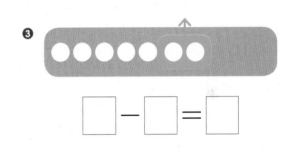

$$\square - \square = \square$$

❹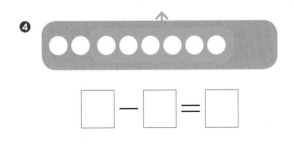

$$\square - \square = \square$$

❺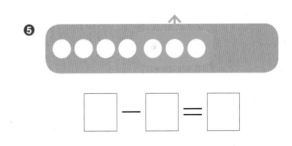

$$\square - \square = \square$$

❻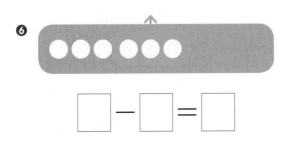

$$\square - \square = \square$$

❼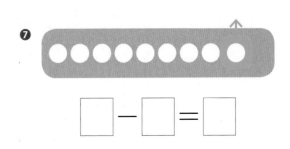

$$\square - \square = \square$$

비교셈

● 그림을 보고 빈칸에 알맞은 수를 써넣으시오.

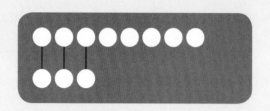

$8-3=\boxed{5}$

8과 3의 차는 $\boxed{5}$ 입니다.

①

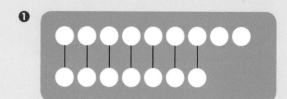

$9-7=\boxed{}$

9 빼기 7은 $\boxed{}$ 와 같습니다.

②

$4-2=\boxed{}$

4와 2의 차는 $\boxed{}$ 입니다.

③

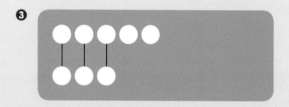

$5-3=\boxed{}$

5 빼기 3은 $\boxed{}$ 와 같습니다.

④

$2-1=\boxed{}$

2와 1의 차는 $\boxed{}$ 입니다.

⑤

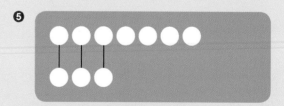

$7-3=\boxed{}$

7 빼기 3은 $\boxed{}$ 와 같습니다.

♦ 그림을 보고 알맞은 뺄셈식을 쓰시오.

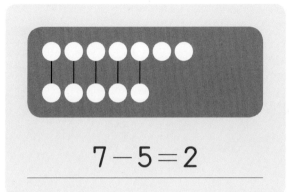

$7-5=2$

❶

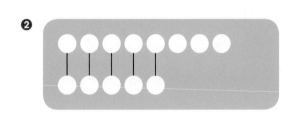

❷

❸

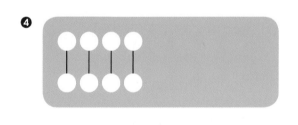

❹

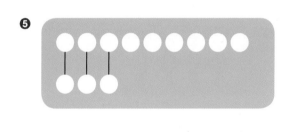

❺

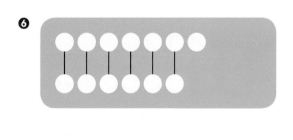

❻

❼

가르고 빼기

● 의 개수의 차를 구하려고 합니다. □ 안에 알맞은 수를 써넣으시오.

$$7 - 4 = 3$$

❶

□ − □ = □

❷

□ − □ = □

❸

□ − □ = □

❹

□ − □ = □

❺

□ − □ = □

❻

□ − □ = □

❼

□ − □ = □

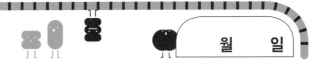

차에 맞게 두 부분으로 나누시오. 단, 왼쪽의 개수가 오른쪽보다 더 많습니다.

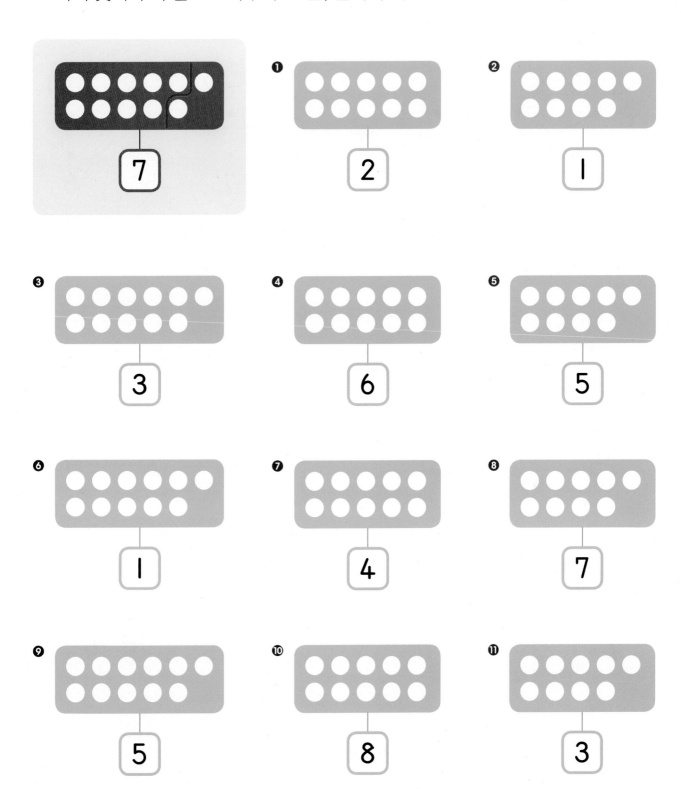

다리 잇기

● 계산을 한 다음 알맞게 선으로 이으시오.

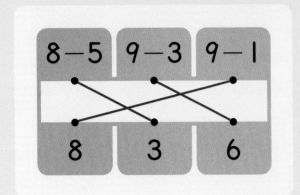

| 8−5 | 9−3 | 9−1 |
| 8 | 3 | 6 |

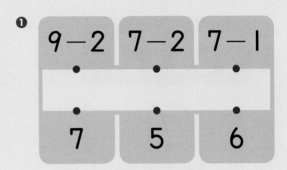

❶
| 9−2 | 7−2 | 7−1 |
| 7 | 5 | 6 |

❷
| 5−2 | 6−4 | 8−3 |
| 5 | 2 | 3 |

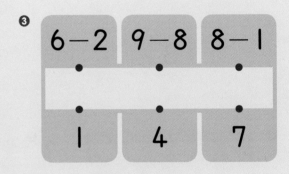

❸
| 6−2 | 9−8 | 8−1 |
| 1 | 4 | 7 |

❹
| 9−1 | 3−2 | 8−4 |
| 1 | 4 | 8 |

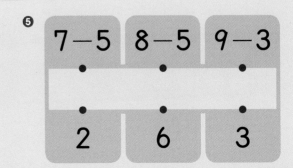

❺
| 7−5 | 8−5 | 9−3 |
| 2 | 6 | 3 |

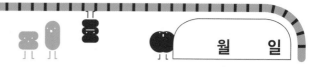

◆ 계산 결과가 같은 것끼리 선으로 이으시오.

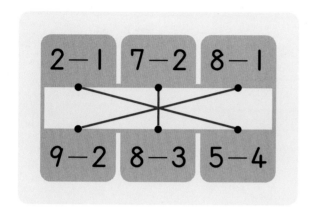

❶
6-3	3-1	9-5
6-2	8-5	7-5

❷
9-2	4-2	7-6
8-1	6-5	9-7

❸
9-5	7-4	6-1
4-1	5-1	8-3

❹
7-1	8-0	9-6
9-3	9-1	5-2

❺
7-2	6-4	3-2
5-3	9-8	6-1

잘 공부했는지 알아봅시다

1 그림을 보고 □ 안에 알맞은 수를 써넣으시오.

$$\boxed{} - \boxed{} = \boxed{}$$

2 그림을 보고 알맞은 뺄셈식을 쓰시오.

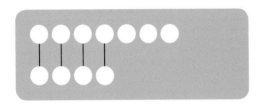

$$\boxed{} - \boxed{} = \boxed{}$$

3 차에 맞게 두 부분으로 나누시오. 단, 왼쪽의 개수가 오른쪽보다 더 많습니다.

❶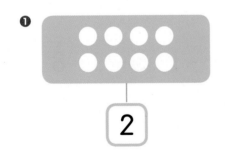

2

❷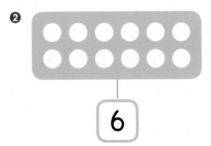

6

4 관계있는 것끼리 선으로 이으시오.

| 3 − 2 | • | • | 6 − 4 |
| 5 − 3 | • | • | 8 − 7 |

16

두 수의 차

토너먼트

● 짝지은 두 수의 차를 구하여 빈칸에 써넣으시오.

7 5
2

❶ 4 8
☐

❷ 3 9
☐

❸ 6 1
☐

❹ 4 3
☐

❺ 2 1
☐

❻ 6 4
☐

❼ 9 2
☐

❽ 8 5
☐

❾ 9 1
☐

❿ 7 7
☐

⓫ 5 1
☐

⓬ 8 6
☐

⓭ 7 2
☐

⓮ 9 4
☐

⓯ 6 7
☐

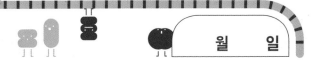

⊕ 짝지은 두 수의 차를 구하여 아래 빈칸에 써넣으시오.

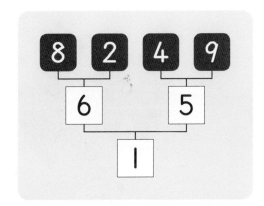

❶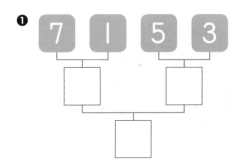

❷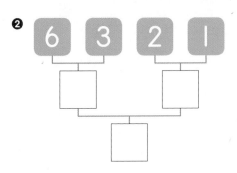

❸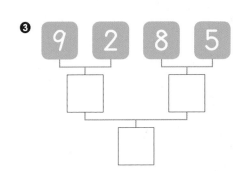

❹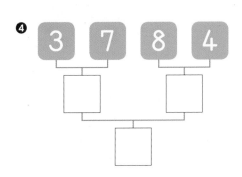

❺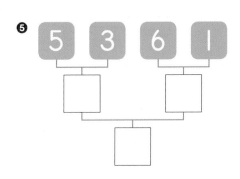

❻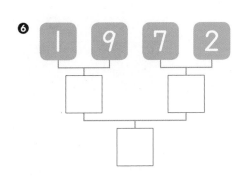

❼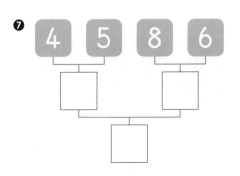

과녁

● █+█판은 적힌 수만큼 점수를 얻고, █─█판은 점수를 잃습니다. 몇 점입니까?

3 점

❶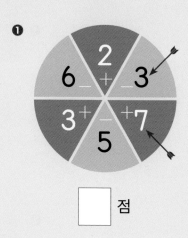

☐ 점

❷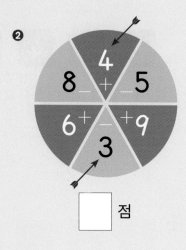

☐ 점

❸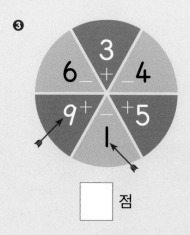

☐ 점

❹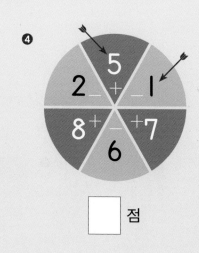

☐ 점

❺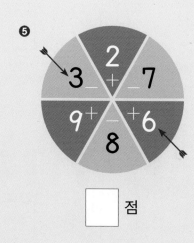

☐ 점

❻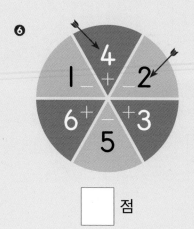

☐ 점

❼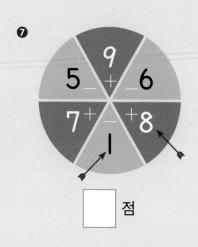

☐ 점

❽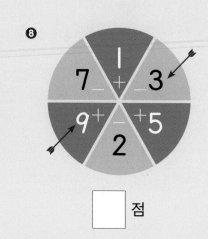

☐ 점

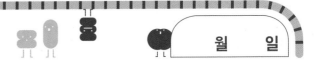

⊕ 점수에 맞게 두 개의 화살을 그리시오.

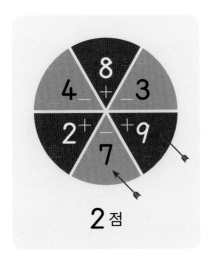

2점

❶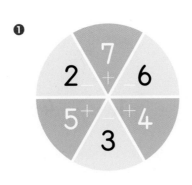

4점

❷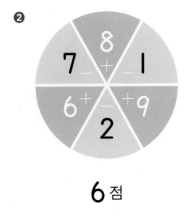

6점

❸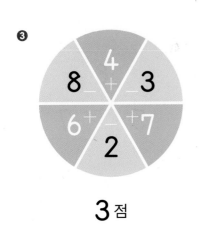

3점

❹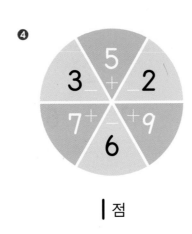

1점

❺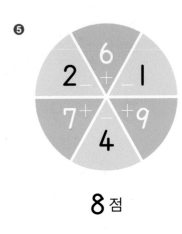

8점

❻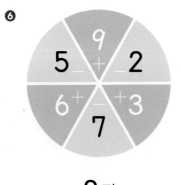

2점

❼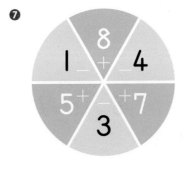

5점

❽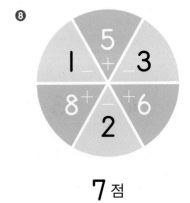

7점

원 안의 수

● 🔵 안의 수 중 가장 큰 수와 가장 작은 수의 차를 구하시오.

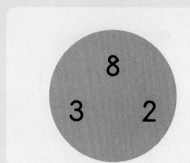

8 − 2 = 6

❶
7
1   4

☐ − ☐ = ☐

❷
4
5   9

☐ − ☐ = ☐

❸
1
3   9

☐ − ☐ = ☐

❹
2
7   6

☐ − ☐ = ☐

❺
8
5   7

☐ − ☐ = ☐

❻
5
4   3

☐ − ☐ = ☐

❼
9
8   7

☐ − ☐ = ☐

❽
6
1   5

☐ − ☐ = ☐

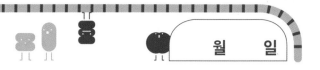

♦ 가장 큰 수와 가장 작은 수에 ○표 하고, 두 수의 차를 빈칸에 써넣으시오.

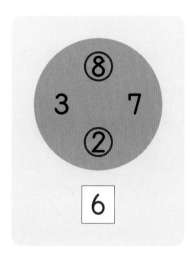

⑧
3   7
②

6

❶

9
1   4
5

☐

❷

6
7   3
5

☐

❸

5
4   6
3

☐

❹

6
8   4
5

☐

❺

7
6   8
9

☐

❻

4
7   1
2

☐

❼

2
3   5
6

☐

❽

8
7   3
4

☐

신발끈

● 선으로 이어진 두 수의 차가 위의 수가 되도록 �1안의 수를 ○ 안에 써넣으시오.

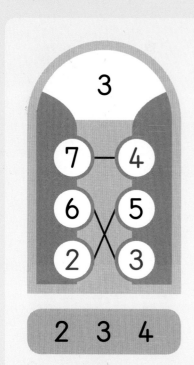

3

⑦—④
⑥　⑤
②　③

2　3　4

❶

5

○　⑥
④　③
○　○

1　8　9

❷

6

①　○
○　②
③　○

8　7　9

❸

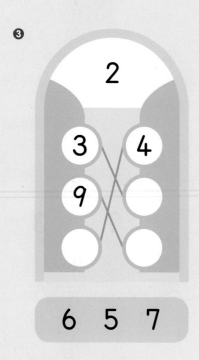

2

③　④
⑨　○
○　○

6　5　7

❹

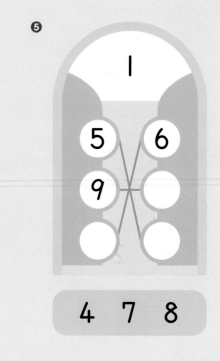

4

○　①
○　○
⑦　④

5　3　8

❺

1

⑤　⑥
⑨　○
○　○

4　7　8

➕ 두 수의 차가 위의 수가 되도록 선을 이으시오. 한 곳에는 한 개의 선만 긋습니다.

2

4 — 5
7 — 8
6 — 2

❶ 1

3   8
5   4
9   6

❷ 4

6   2
8   4
7   3

❸ 3

1   2
9   4
5   6

❹ 5

6   8
3   2
7   1

❺ 2

7   1
4   6
3   9

1 짝지은 두 수의 차를 구하여 그 차를 아래 빈칸에 써넣으시오.

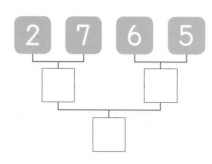

2 점수에 맞게 두 개의 화살이 꽂힌 자리에 ×표 하시오.

❶

4점

❷

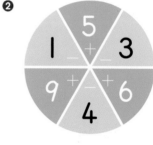

6점

3 두 수의 차가 ◯ 안의 수가 되도록 선을 이으시오. 한 곳에는 한 개의 선만 긋습니다.

❶

③

8	•	•	3
4	•	•	5
6	•	•	7

❷

⑤

7	•	•	4
1	•	•	6
9	•	•	2

3 □가 있는 뺄셈

네모셈

● □ 안에 들어갈 수만큼 /로 지우고, 수를 써넣으시오.

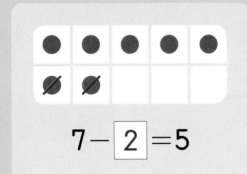

$7 - \boxed{2} = 5$

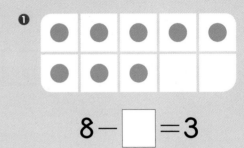

❶ $8 - \boxed{} = 3$

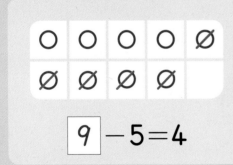

❷ $6 - \boxed{} = 2$

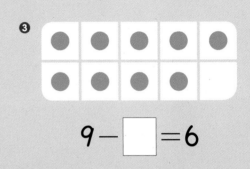

❸ $9 - \boxed{} = 6$

● □ 안에 들어갈 수만큼 ○를 그리고, 수를 써넣으시오.

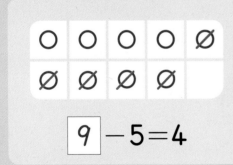

$\boxed{9} - 5 = 4$

❹ $\boxed{} - 3 = 1$

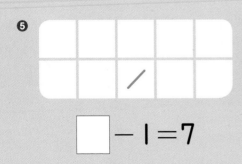

❺ $\boxed{} - 1 = 7$

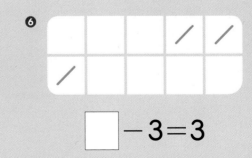

❻ $\boxed{} - 3 = 3$

⊕ □ 안에 들어갈 수에 ○표 하고, 수를 써넣으시오.

$8 - \boxed{6} = 2$

5 ⑥ 7

❶ $7 - \boxed{} = 4$

3 2 1

❷ $5 - \boxed{} = 4$

3 2 1

❸ $\boxed{} - 2 = 2$

4 6 3

❹ $\boxed{} - 3 = 5$

6 8 4

❺ $\boxed{} - 2 = 7$

7 5 9

$$\begin{array}{r} \boxed{6} \\ -\ 2 \\ \hline 4 \end{array}$$

5
⑥
7

❻
$$\begin{array}{r} \boxed{} \\ -\ 3 \\ \hline 2 \end{array}$$

5
3
4

❼
$$\begin{array}{r} \boxed{} \\ -\ 7 \\ \hline 1 \end{array}$$

6
9
8

❽
$$\begin{array}{r} 9 \\ -\ \boxed{} \\ \hline 2 \end{array}$$

2
8
7

❾
$$\begin{array}{r} 3 \\ -\ \boxed{} \\ \hline 0 \end{array}$$

3
8
5

❿
$$\begin{array}{r} 7 \\ -\ \boxed{} \\ \hline 5 \end{array}$$

5
2
3

● 빈칸에 알맞은 수를 써넣으시오.

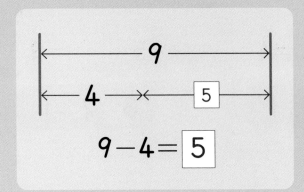

9 − 4 = 5

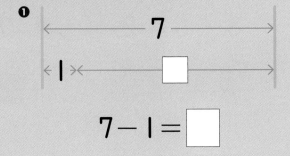

❶

7 − 1 = □

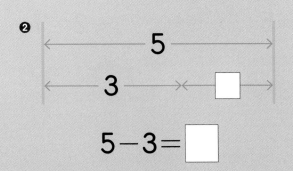

❷

5 − 3 = □

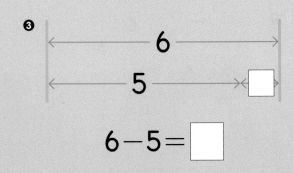

❸

6 − 5 = □

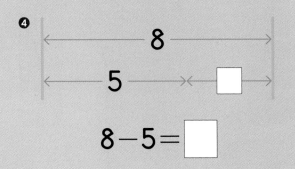

❹

8 − 5 = □

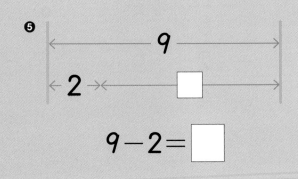

❺

9 − 2 = □

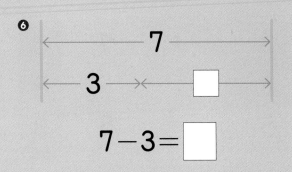

❻

7 − 3 = □

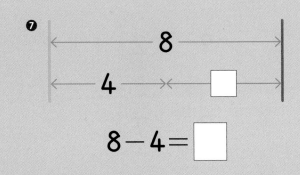

❼

8 − 4 = □

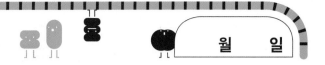

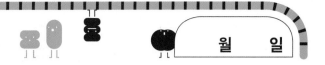
월   일

● 빈칸에 알맞은 수를 써넣으시오.

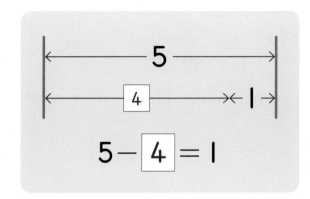

$$5 - \boxed{4} = 1$$

❶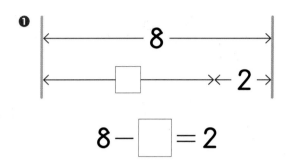

$$8 - \boxed{} = 2$$

❷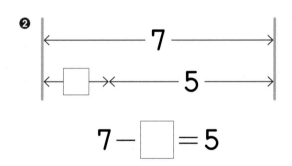

$$7 - \boxed{} = 5$$

❸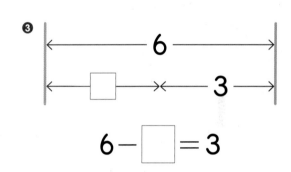

$$6 - \boxed{} = 3$$

❹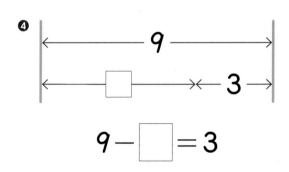

$$9 - \boxed{} = 3$$

❺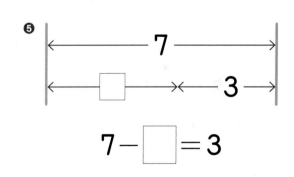

$$7 - \boxed{} = 3$$

❻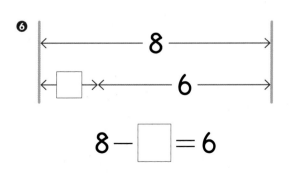

$$8 - \boxed{} = 6$$

❼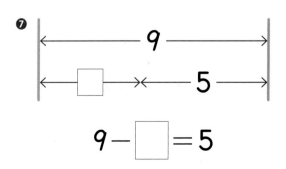

$$9 - \boxed{} = 5$$

두줄표

● 빈칸에 알맞은 수를 써넣으시오.

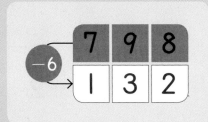

❶

❷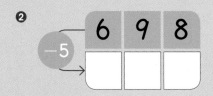

❸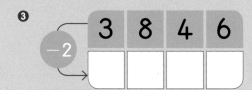

❹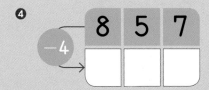

❺

❻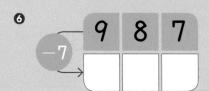

❼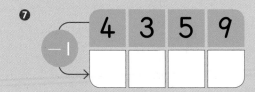

❽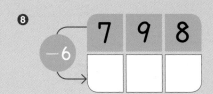

❾

⊕ 빈칸에 알맞은 수를 써넣으시오.

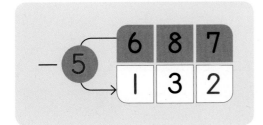

❶

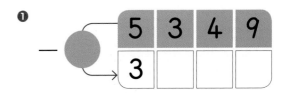

❷

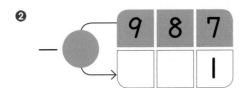

❸

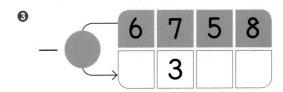

❹

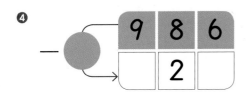

❺

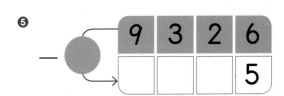

❻

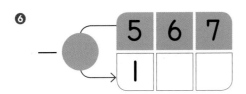

❼

❽

❾

뺄셈 수직선

● 빈칸에 알맞은 수를 써넣으시오.

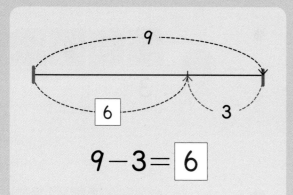

$$9 - 3 = 6$$

❶

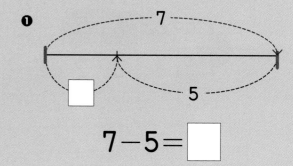

$$7 - 5 = \square$$

❷

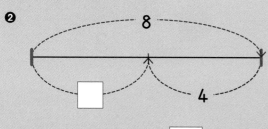

$$8 - 4 = \square$$

❸

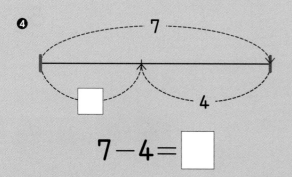

$$5 - 3 = \square$$

❹

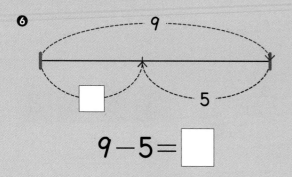

$$7 - 4 = \square$$

❺

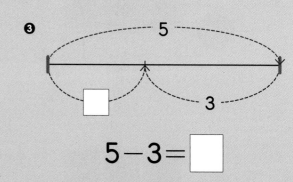

$$8 - 3 = \square$$

❻

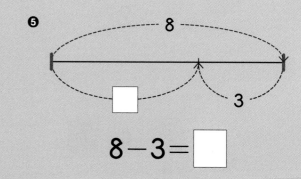

$$9 - 5 = \square$$

❼

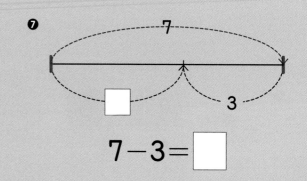

$$7 - 3 = \square$$

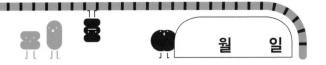

⊕ 빈칸에 알맞은 수를 써넣으시오.

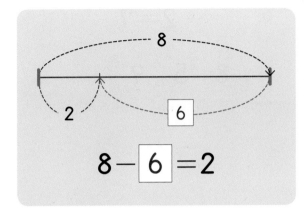

$$8 - \boxed{6} = 2$$

❶

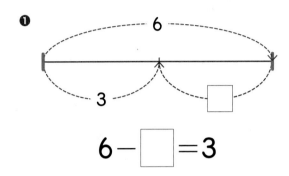

$$6 - \boxed{} = 3$$

❷

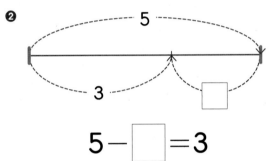

$$5 - \boxed{} = 3$$

❸

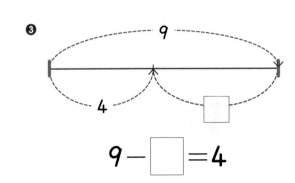

$$9 - \boxed{} = 4$$

❹

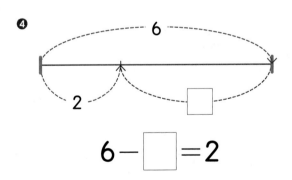

$$6 - \boxed{} = 2$$

❺

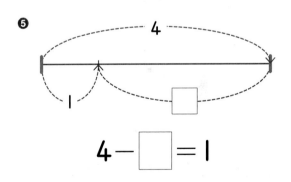

$$4 - \boxed{} = 1$$

❻

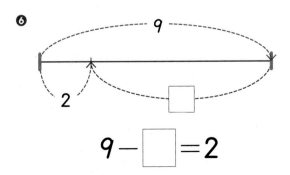

$$9 - \boxed{} = 2$$

❼

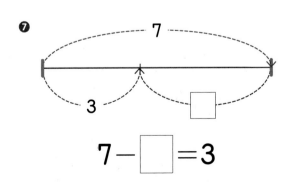

$$7 - \boxed{} = 3$$

1 □ 안에 들어갈 수에 ○표 하고, 수를 써넣으시오.

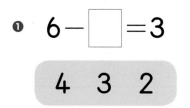

❶ $6 - \square = 3$

4   3   2

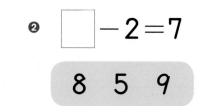

❷ $\square - 2 = 7$

8   5   9

2 빈칸에 알맞은 수를 써넣으시오.

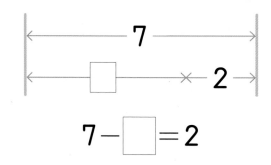

$7 - \square = 2$

3 빈칸에 알맞은 수를 써넣으시오.

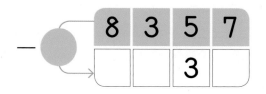

4 빈칸에 알맞은 수를 써넣으시오.

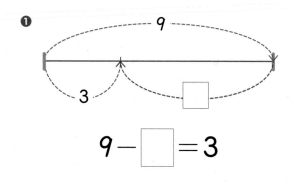

❶ $9 - \square = 3$

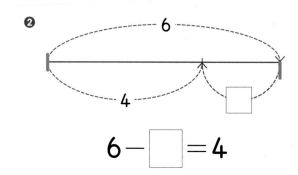

❷ $6 - \square = 4$

4 문제 해결 뺄셈

페어식

● □ 안에 알맞은 수를 넣어 뺄셈식을 완성하시오.

2 5 7

$7 - 2 = 5$
$7 - 5 = 2$

❶ 6 9 3

$\square - \square = \square$
$\square - \square = \square$

❷ 1 7 8

$\square - \square = \square$
$\square - \square = \square$

❸ 4 6 2

$\square - \square = \square$
$\square - \square = \square$

❹ 5 4 1

$\square - \square = \square$
$\square - \square = \square$

❺ 3 4 7

$\square - \square = \square$
$\square - \square = \square$

❻ 9 2 7

$\square - \square = \square$
$\square - \square = \square$

❼ 8 5 3

$\square - \square = \square$
$\square - \square = \square$

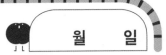

⊕ 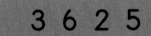 안의 수 중 세 개를 골라 뺄셈식 **2**개를 만드시오.

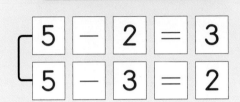

3 6 2 5

$5 - 2 = 3$
$5 - 3 = 2$

❶

4 8 1 7

❷

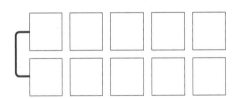

1 3 6 5

❸

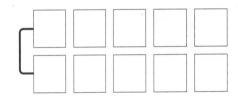

2 3 4 7

❹

9 2 8 7

❺

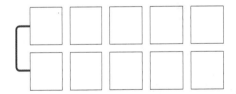

1 6 4 3

❻

3 8 5 7

❼

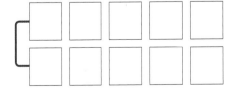

6 4 3 9

뺄셈표

● 가로, 세로로 빼서 빈칸에 알맞은 수를 써넣으시오.

−	1	3
9	8	6
7	6	4

❶

−	2	4
6		
5		

❷

−	6	5
7		
8		

❸

−	3	4
8		
4		

❹

−	1	7
8		
9		

❺

−	2	1
3		
7		

❻

−	2	1
8		
4		

❼

−	4	3
5		
7		

❽

−	4	5
9		
6		

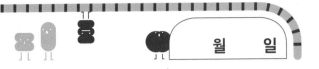

➕ 뺄셈표의 빈칸에 알맞은 수를 써넣으시오.

−	3	2
8	5	6
6	3	4

❶

−		5
	3	2
5		

❷

−	3	
4		3
	6	

❸

−		2
3	0	
		3

❹

−		3
		3
9	8	

❺

−		
	3	
7	2	1

❻

−	4	7
		2
	4	

❼

−		5
		2
6	4	

❽

−		3
8	3	
		2

상자수

● 상자 안의 두 수를 뽑아 차를 구할 때, 차가 되는 수에 ○표 하시오.

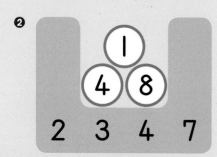

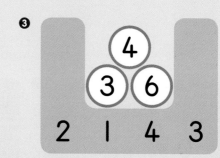

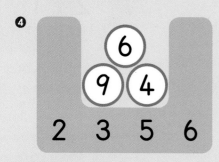

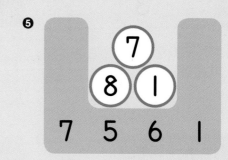

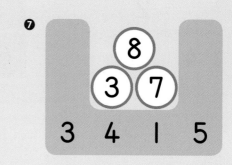

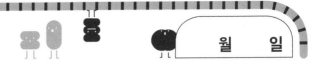

상자 안의 두 수를 뽑아 차를 구할 때, 차가 되는 수를 모두 쓰시오.

1   6   7

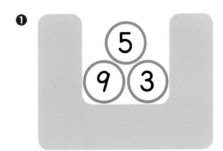
❶

❷

❸

❹

❺

❻

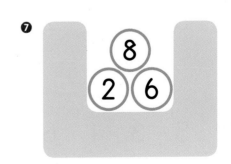
❼

사고셈 ● 43

식 완성

● 세 수를 찾아 뺄셈식을 완성하시오.

$$3 \quad (7 - 2 = 5) \quad 4$$

❶ 4 6 8 6 2

❷ 5 4 1 2 6

❸ 7 6 3 3 1

❹
5
9
6
2
4

❺
4
1
3
7
5

❻
2
9
5
4
3

❼
8
5
7
6
1

❽ 3 8 9 7 2

❾ 2 1 7 4 3

❿ 8 5 3 1 6

⓫ 9 8 1 6 2

⊕ 세 수를 찾아 뺄셈식 세 개를 완성하시오.

6	−	3	=	3	4
8		7		4	5
−		6		−	3
4				1	
=				=	
4		2		3	7

❶

4	9	3	6
4	7	2	8
8	1	7	2
9	5	1	6

❷

5	1	2	9
7	4	3	4
6	8	9	5
3	1	2	8

❸

5	4	6	9
3	7	1	3
2	9	5	8
7	6	4	2

❹

8	3	5	4
9	1	8	2
2	6	4	1
8	3	6	1

❺

7	2	5	6
9	8	4	3
7	4	2	2
2	1	5	8

1 🔘 안의 수 중 세 개를 골라 올바른 뺄셈식 두 개를 만드시오.

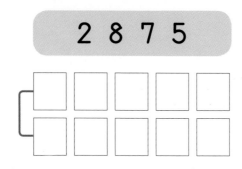

2 뺄셈표의 빈칸에 알맞은 수를 써넣으시오.

❶

−	3	
	2	0
9		

❷

−	4	
6		3
	4	

3 상자 안의 두 수를 뽑아 차를 구할 때, 차가 되는 수를 모두 쓰시오.

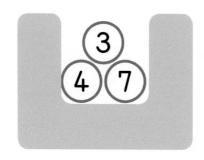

5 세 수의 덧셈 (1)

더하고 더하기

● 그림을 보고 □ 안에 알맞은 수를 써넣으시오.

$3+2+3=\boxed{8}$

❶
$2+3+2=\square$

❷
$5+2+2=\square$

❸
$1+2+1=\square$

❹
$1+4+2=\square$

❺
$1+4+3=\square$

❻
$4+1+3=\square$

❼
$3+3+3=\square$

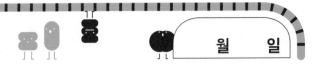

➕ 빈칸에 알맞은 수를 써넣으시오.

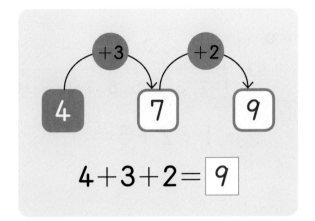

$$4+3+2=\boxed{9}$$

❶

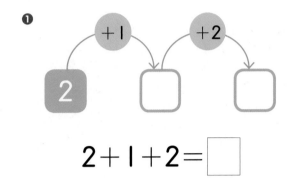

$$2+1+2=\boxed{}$$

❷

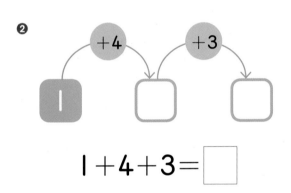

$$1+4+3=\boxed{}$$

❸

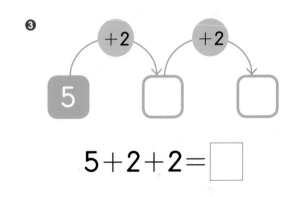

$$5+2+2=\boxed{}$$

❹

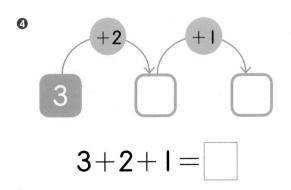

$$3+2+1=\boxed{}$$

❺

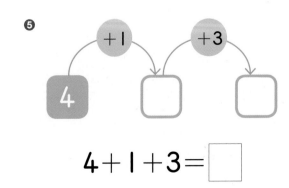

$$4+1+3=\boxed{}$$

세 수 수직선

◑ □ 안에 알맞은 수를 써넣으시오.

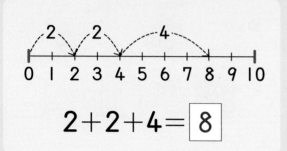

2+2+4= 8

❶

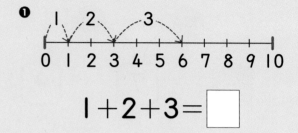

1+2+3= □

❷

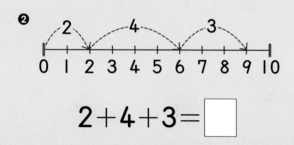

2+4+3= □

❸

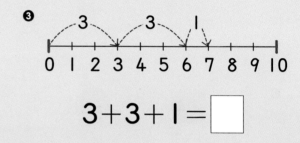

3+3+1= □

❹

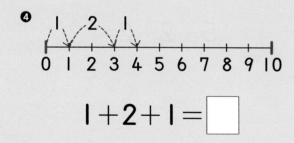

1+2+1= □

❺

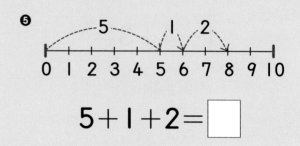

5+1+2= □

❻

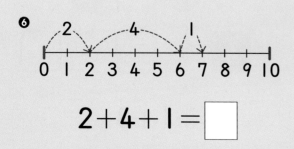

2+4+1= □

❼

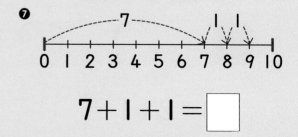

7+1+1= □

● 수직선을 보고 빈칸에 알맞은 수를 써넣으시오.

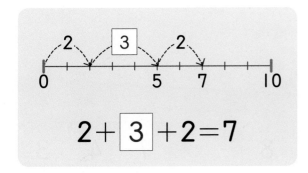

$$2 + \boxed{3} + 2 = 7$$

❶
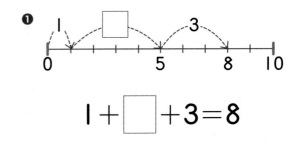

$$1 + \boxed{} + 3 = 8$$

❷
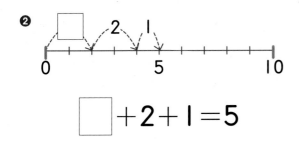

$$\boxed{} + 2 + 1 = 5$$

❸
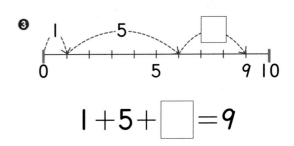

$$1 + 5 + \boxed{} = 9$$

❹
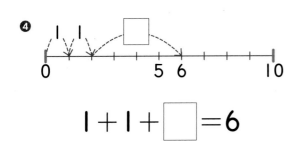

$$1 + 1 + \boxed{} = 6$$

❺
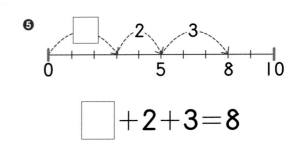

$$\boxed{} + 2 + 3 = 8$$

❻
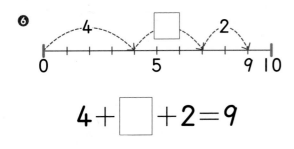

$$4 + \boxed{} + 2 = 9$$

❼
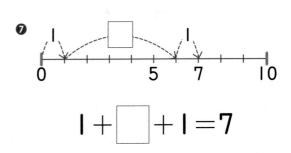

$$1 + \boxed{} + 1 = 7$$

방 통과

미로를 통과하면서 만난 세 수의 합을 빈칸에 써넣으시오.

3	1	2
4	5	6

9

❶

3	2	8
1	2	4

❷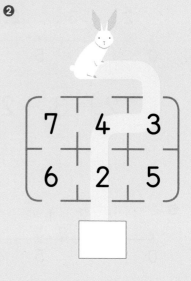

7	4	3
6	2	5

❸

5	6	3
1	1	4

❹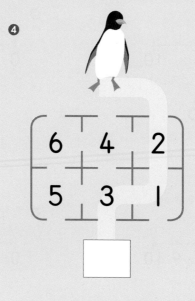

6	4	2
5	3	1

❺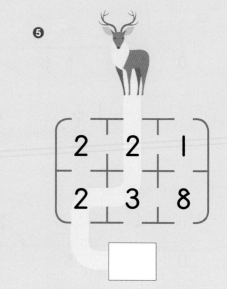

2	2	1
2	3	8

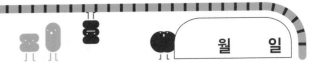

월　　　일

⊕ 미로를 통과하면서 만난 세 수의 합이 ▨ 안의 수가 되도록 선을 그으시오.

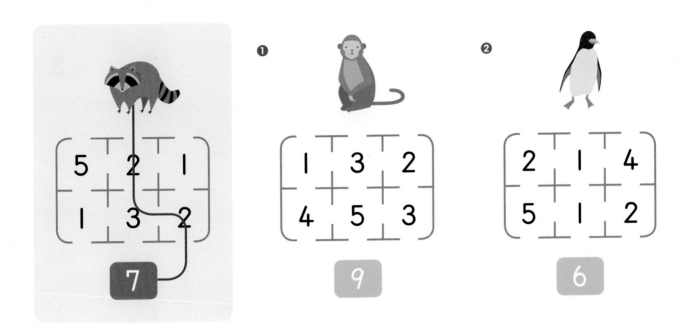

	5	2	1
	1	3	2

7

❶

	1	3	2
	4	5	3

9

❷

	2	1	4
	5	1	2

6

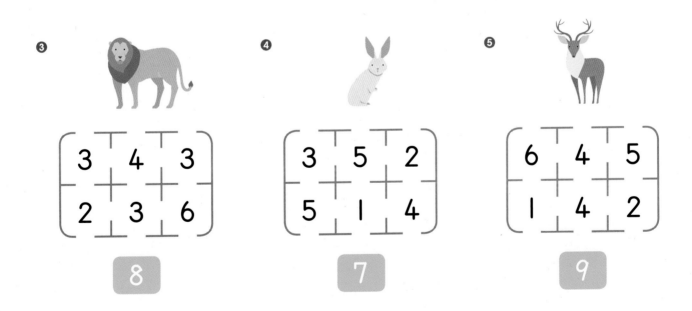

❸

	3	4	3
	2	3	6

8

❹

	3	5	2
	5	1	4

7

❺

	6	4	5
	1	4	2

9

사다리 타기

● 빈칸에 알맞은 수를 써넣으시오.

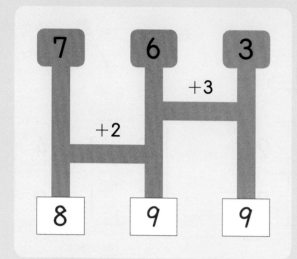

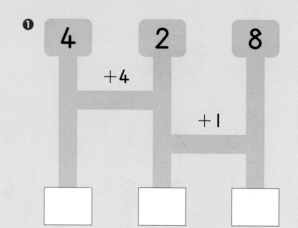

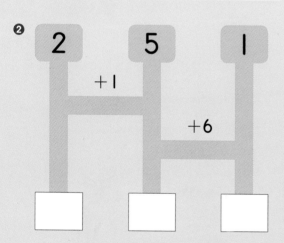

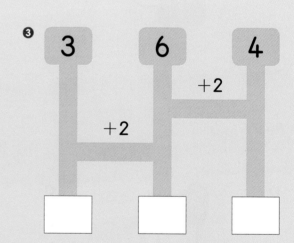

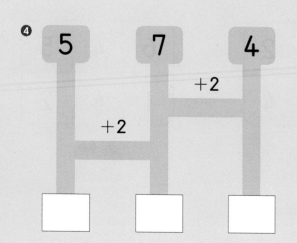

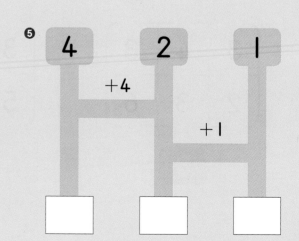

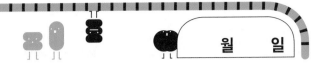
● 빈칸에 알맞은 수를 써넣으시오.

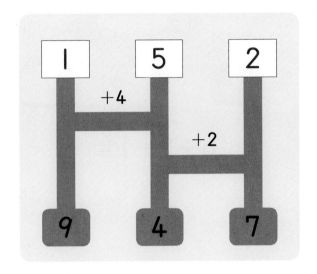

❶
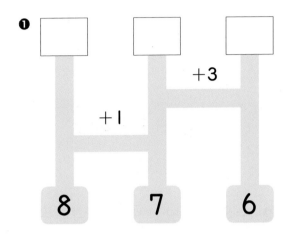

❷
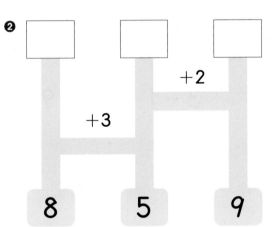

❸
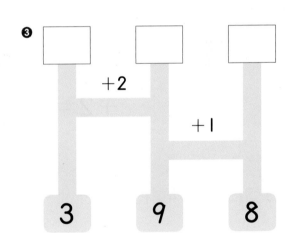

❹
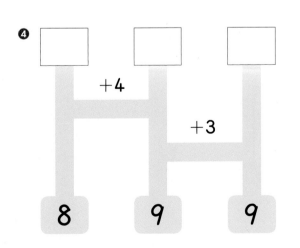

❺
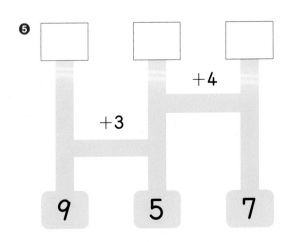

잘 공부했는지 알아봅시다

1 빈칸에 알맞은 수를 써넣으시오.

❶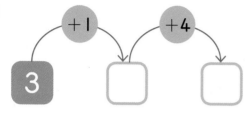

$$3+1+4=\boxed{}$$

❷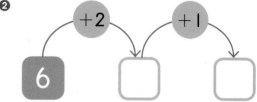

$$6+2+1=\boxed{}$$

2 수직선을 보고 빈칸에 알맞은 수를 써넣으시오.

❶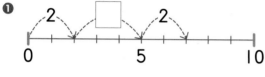

$$2+\boxed{}+2=7$$

❷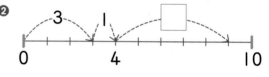

$$3+1+\boxed{}=9$$

3 미로를 통과하면서 만난 세 수의 합이 　 안의 수가 되도록 선을 그으시오.

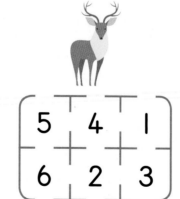

5	4	1
6	2	3

6

6 세 수의 덧셈 (2)

애드벌룬

● ⬭ 안의 수가 합이 되는 세 수를 찾고 아닌 수에 ×표 하시오.

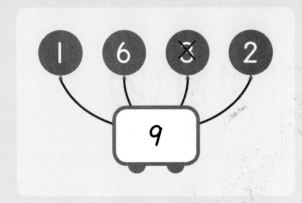

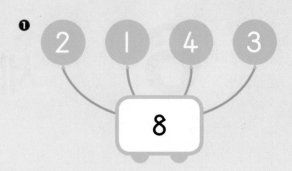

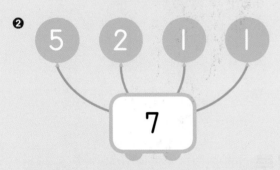

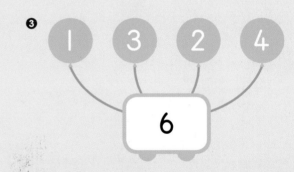

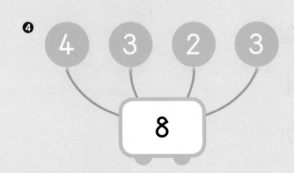

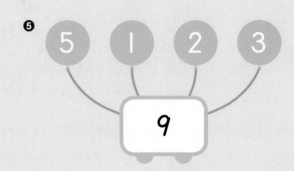

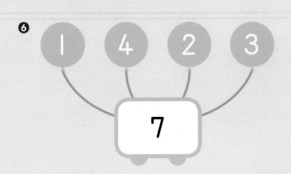

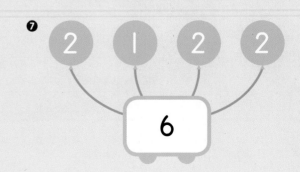

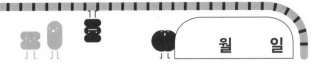

● ⬭ 안의 수가 합이 되는 세 수를 찾고, 아닌 수 두 개에 ×표 하시오.

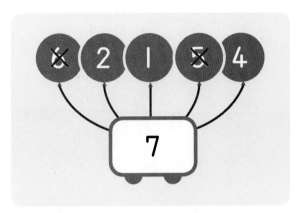

❶
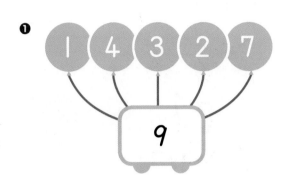

❷
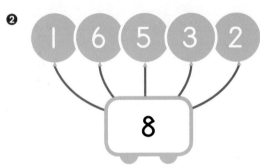

❸
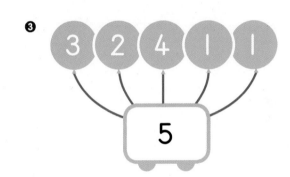

❹
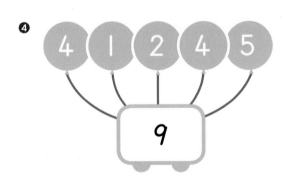

❺
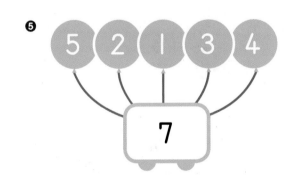

❻
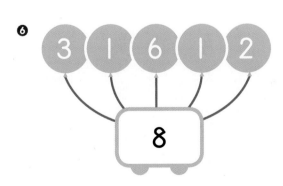

❼
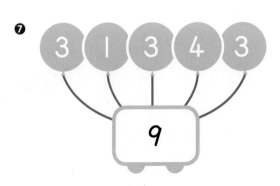

세 화살

● 화살이 꽂힌 세 수의 합이 가운데 수가 되도록 나머지 한 개의 화살을 그리시오.

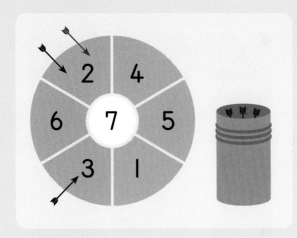

❶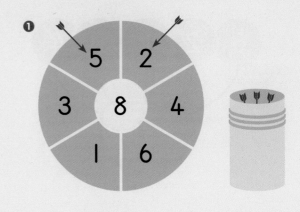

❷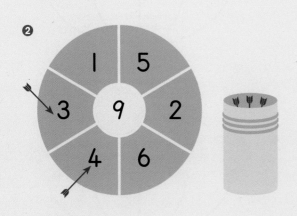

❸

❹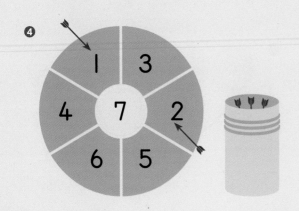

❺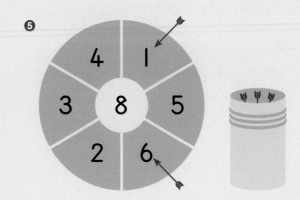

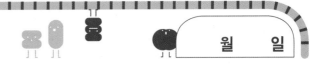

● 화살이 꽂힌 세 수의 합이 가운데 수가 되도록 나머지 두 개의 화살을 그리시오.

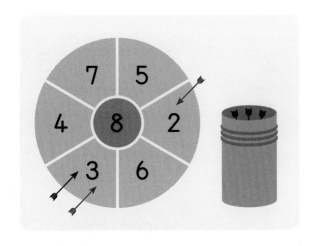

❶

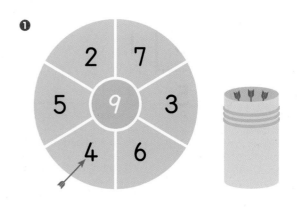

❷

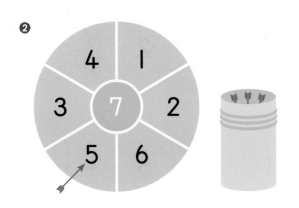

❸

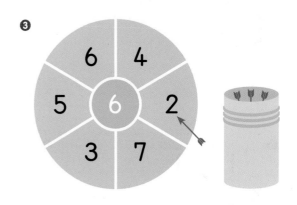

❹

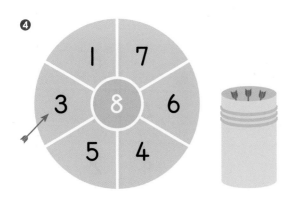

❺

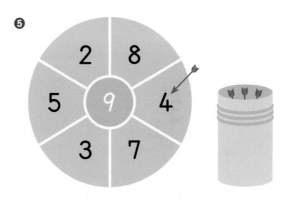

울타리

● 나누어진 세 수의 합이 같도록 빈칸에 알맞은 수를 써넣으시오.

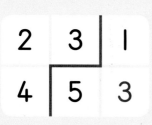

①

5	1	2
1		1

②

2	1	3
1	4	

③

2	
5	1
1	1

④

3	1
3	5
	3

⑤

2	3
1	
2	2

⑥

1	3	
3	4	2

⑦

3	2	1
1	1	

⑧

5	1	3
2		4

⑨

2	4
	3
1	3

⑩

4	3
1	1
2	

⑪

	6
4	1
4	2

● 세 수의 합이 같도록 두 부분으로 나누시오.

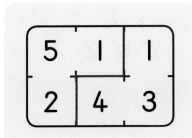

❶
3	1	5
1	3	1

❷
2	4	3
6	2	1

❸
2	3
3 +	1
1	6

❹
2	2
3	1
1	1

❺
3	4
2	1
1	1

❻
4	4	1
3	1	5

❼
1	3	2
4	2	4

❽
3	2	1
2	4	2

❾
2	2
2	4
1	5

❿
2	2
2	1
4	1

⓫
2	7
1	1
6	1

수 묶기

● 이웃한 세 수의 합이 ● 안의 수가 되도록 ⬭로 묶으시오.

8   3 2 (6 1 1)

❶ 5   2 6 2 2 1

❷ 7   3 4 1 2 5

❸ 6   2 3 1 5 4

❹ 9   6 2 1 7 4

❺ 8   1 3 2 3 6

❻ 5   2 1 3 1 2

❼ 7   3 1 3 2 1

❽ 6   4 2 1 1 4

❾ 4   2 3 2 1 1

❿ 8   1 7 2 1 5

⓫ 9   5 2 2 3 6

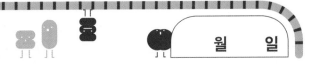

✚ 한 줄에 놓인 세 수의 합이 🔴 안의 수가 되도록 ⬭로 묶으시오.

6

①1	3	2②
3	5	1
1	3	5

❶ **7**

1	4	1
5	2	2
1	2	3

❷ **9**

2	1	1
2	5	3
4	2	3

❸ **6**

2	3	2
3	3	2
2	4	2

❹ **8**

1	3	3
2	4	2
2	3	4

❺ **5**

3	2	3
2	1	4
4	2	3

❻ **9**

2	1	2
2	6	3
1	3	5

❼ **7**

3	2	2
4	1	1
2	2	5

❽ **8**

3	5	1
5	4	1
2	1	6

1 ⬭ 안의 수가 합이 되는 세 수를 찾고, 아닌 수 두 개에 ×표 하시오.

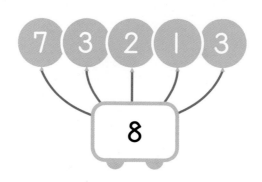

2 세 수의 합이 같도록 두 부분으로 나누시오.

❶

5	2	2
1	7	1

❷

3	5	1
1	3	1

3 한 줄에 놓인 세 수의 합이 ⬗ 안의 수가 되도록 ◯로 묶으시오.

❶

8

2	4	7
6	5	3
3	1	4

❷

5

3	2	1
1	4	3
4	2	1

세 수의 뺄셈

빼고 빼기

● 그림을 보고 □ 안에 알맞은 수를 써넣으시오.

$8-3-2=\boxed{3}$

❶

$5-3-1=\boxed{}$

❷

$9-4-1=\boxed{}$

❸

$8-2-2=\boxed{}$

❹

$4-1-1=\boxed{}$

❺

$6-3-2=\boxed{}$

❻

$7-2-1=\boxed{}$

❼

$9-3-4=\boxed{}$

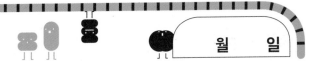

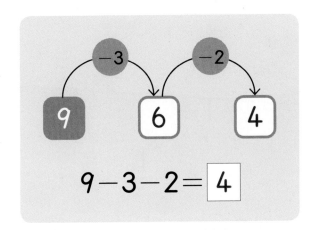

빈칸에 알맞은 수를 써넣으시오.

$$9-3-2=4$$

❶

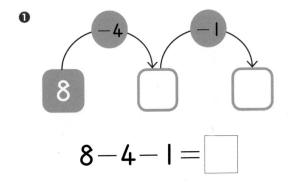

$$8-4-1=$$

❷

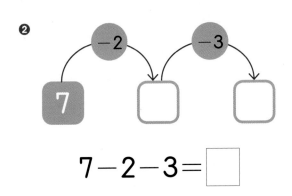

$$7-2-3=$$

❸

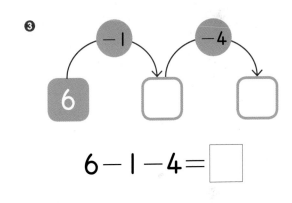

$$6-1-4=$$

❹

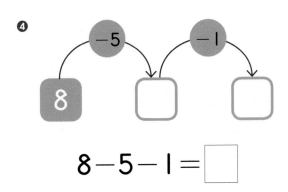

$$8-5-1=$$

❺

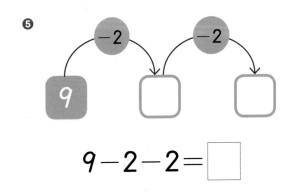

$$9-2-2=$$

계단셈

● 빈칸에 알맞은 수를 써넣으시오,

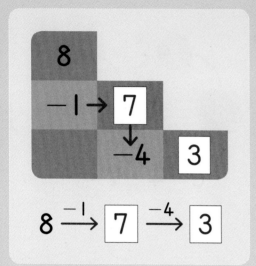

$$8 \xrightarrow{-1} \boxed{7} \xrightarrow{-4} \boxed{3}$$

❶

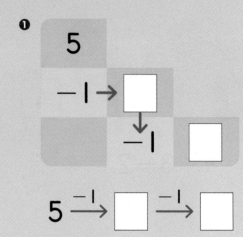

$$5 \xrightarrow{-1} \boxed{} \xrightarrow{-1} \boxed{}$$

❷

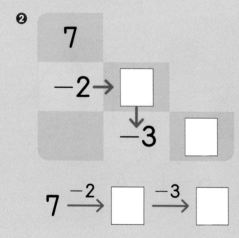

$$7 \xrightarrow{-2} \boxed{} \xrightarrow{-3} \boxed{}$$

❸

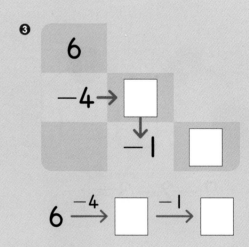

$$6 \xrightarrow{-4} \boxed{} \xrightarrow{-1} \boxed{}$$

❹

$$9 \xrightarrow{-2} \boxed{} \xrightarrow{-5} \boxed{}$$

❺

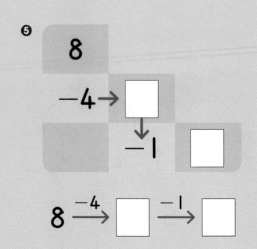

$$8 \xrightarrow{-4} \boxed{} \xrightarrow{-1} \boxed{}$$

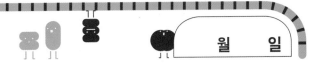

✛ 빈칸에 알맞은 수를 써넣으시오.

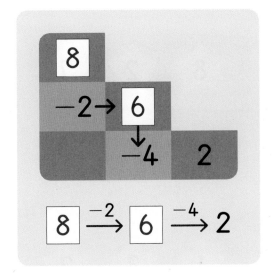

$8 \xrightarrow{-2} 6 \xrightarrow{-4} 2$

❶

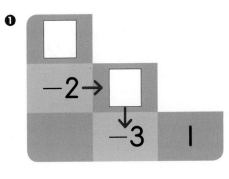

$\square \xrightarrow{-2} \square \xrightarrow{-3} 1$

❷

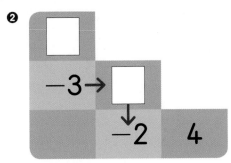

$\square \xrightarrow{-3} \square \xrightarrow{-2} 4$

❸

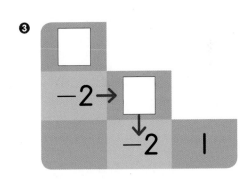

$\square \xrightarrow{-2} \square \xrightarrow{-2} 1$

❹

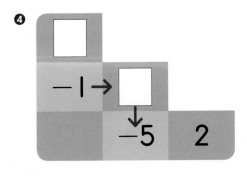

$\square \xrightarrow{-1} \square \xrightarrow{-5} 2$

❺

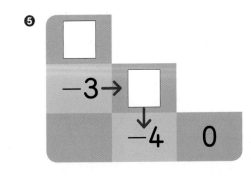

$\square \xrightarrow{-3} \square \xrightarrow{-4} 0$

식 완성

● ⭐ 안의 수 중에서 한 개의 수를 사용하여 식을 완성하시오.

$$8 - \boxed{3} - 3 = 2$$

❶

$$\boxed{} - 2 - 1 = 4$$

❷

$$\boxed{} - 4 - 2 = 3$$

❸

$$6 - \boxed{} - 3 = 2$$

❹

$$7 - \boxed{} - 2 = 1$$

❺

$$\boxed{} - 1 - 1 = 3$$

❻

$$\boxed{} - 1 - 5 = 2$$

❼

$$9 - \boxed{} - 2 = 4$$

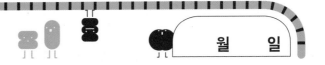

✦ ⭐ 안의 수 중에서 두 개의 수를 사용하여 식을 완성하시오.

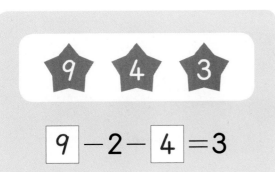

$\boxed{9} - 2 - \boxed{4} = 3$

❶

$\boxed{} - 4 - \boxed{} = 1$

❷
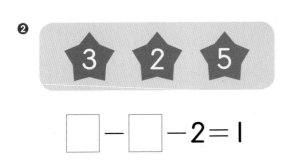

$\boxed{} - \boxed{} - 2 = 1$

❸

$\boxed{} - \boxed{} - 3 = 4$

❹
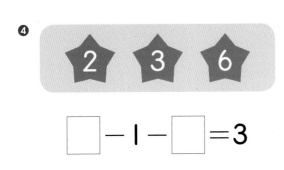

$\boxed{} - 1 - \boxed{} = 3$

❺

$\boxed{} - 2 - \boxed{} = 2$

❻
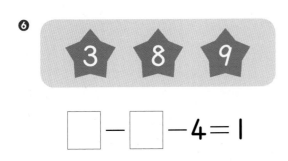

$\boxed{} - \boxed{} - 4 = 1$

❼

$\boxed{} - \boxed{} - 3 = 2$

자동차 길

❶ 길을 따라 계산하여 빈칸에 알맞은 수를 써넣으시오.

❶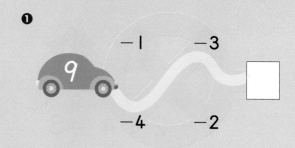

❷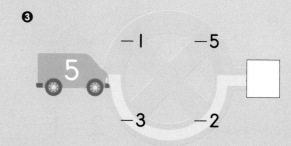

❸

❹

❺

❻

❼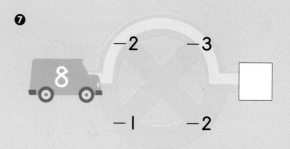

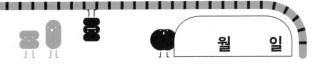

⊕ 계산 결과에 맞게 자동차 길을 그리시오.

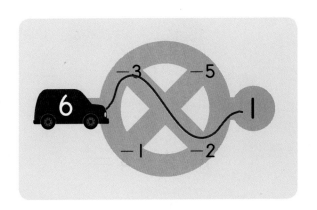

❶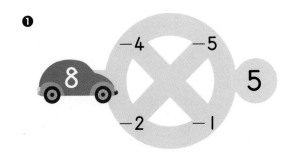

❷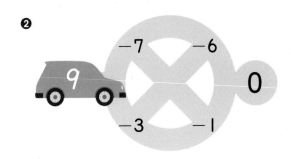

❸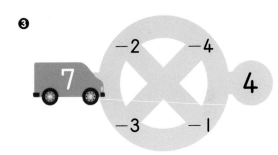

❹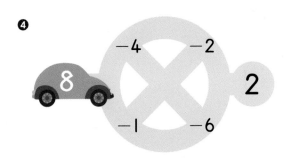

❺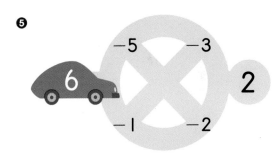

❻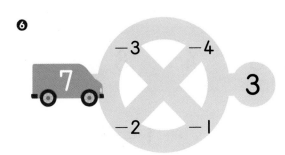

❼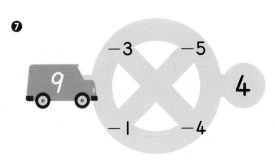

1 빈칸에 알맞은 수를 써넣으시오.

❶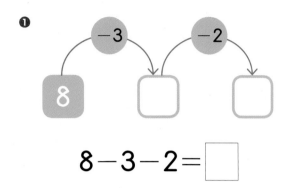

$$8-3-2=\boxed{}$$

❷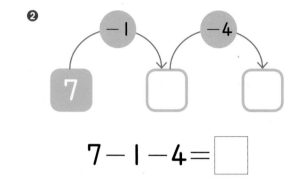

$$7-1-4=\boxed{}$$

2 빈칸에 알맞은 수를 써넣으시오.

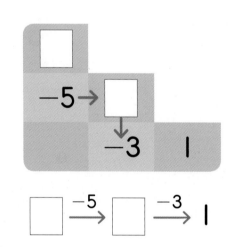

$$\boxed{} \xrightarrow{-5} \boxed{} \xrightarrow{-3} 1$$

3 ☆ 안의 수 중에서 두 수를 사용하여 식을 완성하시오.

❶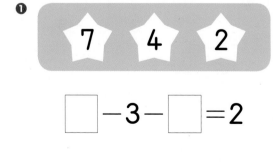

$$\boxed{}-3-\boxed{}=2$$

❷

$$\boxed{}-\boxed{}-1=3$$

8 세 수의 덧셈과 뺄셈

더하고 빼기

● 더한 수만큼 ○를 그리고, 빼는 수만큼 /로 지워 계산을 하시오.

$3+4-2=\boxed{5}$

❶

$5+3-4=\square$

❷

$2+5-1=\square$

❸

$7+2-6=\square$

$3-2+4=\boxed{5}$

❹

$8-3+1=\square$

❺

$7-5+2=\square$

❻

$5-4+3=\square$

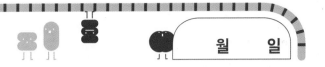

✦ 빈칸에 알맞은 수를 써넣으시오.

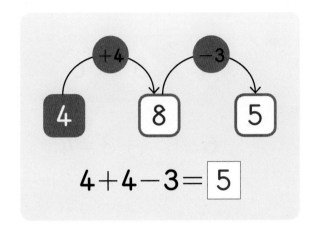

$$4+4-3=\boxed{5}$$

❶
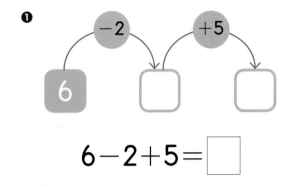

$$6-2+5=\boxed{}$$

❷
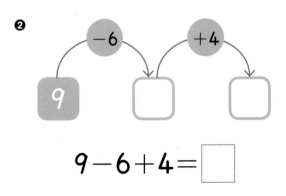

$$9-6+4=\boxed{}$$

❸
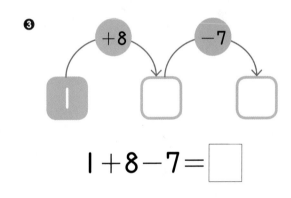

$$1+8-7=\boxed{}$$

❹
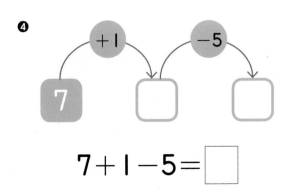

$$7+1-5=\boxed{}$$

❺
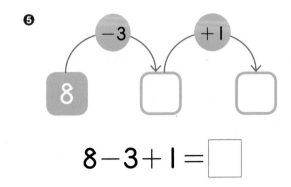

$$8-3+1=\boxed{}$$

혼합식 완성

◑ ◆ 안의 수 중 한 개의 수를 사용하여 식을 완성하시오.

$$5 + \boxed{3} - 2 = 6$$

①

$$6 - \boxed{} + 3 = 4$$

②

$$8 - \boxed{} + 5 = 6$$

③

$$2 + \boxed{} - 1 = 5$$

④

3 2 1

$$3 + \boxed{} - 2 = 3$$

⑤

$$7 - \boxed{} + 4 = 8$$

⑥

5 6 4

$$9 - \boxed{} + 3 = 7$$

⑦

$$4 + \boxed{} - 2 = 3$$

✦ ◇ 안의 수 중에서 두 수를 사용하여 식을 완성하시오.

$$8 - \boxed{4} + \boxed{1} = 5$$

❶

6 3 1

$$\boxed{} + 1 - \boxed{} = 6$$

❷

5 3 4

$$\boxed{} + 2 - \boxed{} = 3$$

❸

7 4 6

$$7 - \boxed{} + \boxed{} = 8$$

❹

2 5 7

$$9 - \boxed{} + \boxed{} = 6$$

❺

5 1 7

$$\boxed{} + 6 - \boxed{} = 2$$

❻

2 1 4

$$\boxed{} + 7 - \boxed{} = 5$$

❼

1 4 3

$$6 - \boxed{} + \boxed{} = 9$$

양과녁셈

◑ 왼쪽 과녁판의 점수는 더하고, 오른쪽 과녁판의 점수는 뺍니다. 몇 점입니까?

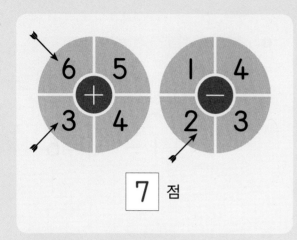

[7] 점

❶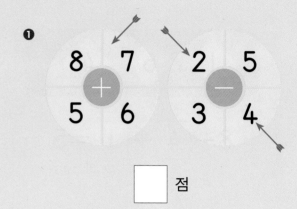

[　] 점

❷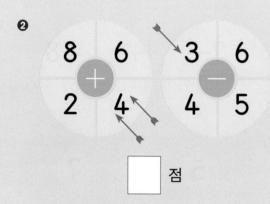

[　] 점

❸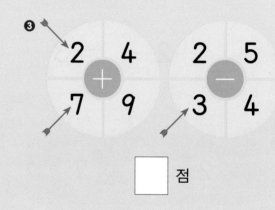

[　] 점

❹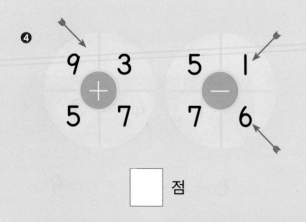

[　] 점

❺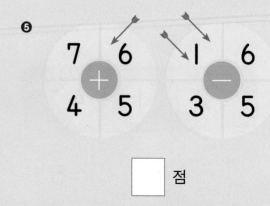

[　] 점

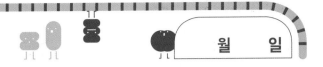

⊕ 점수에 맞게 과녁판에 화살을 세 개 그리시오.

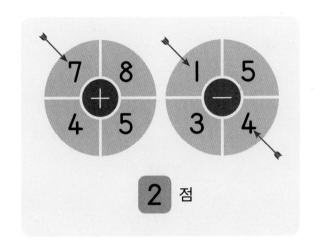

2 점

❶
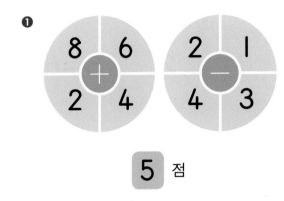

5 점

❷
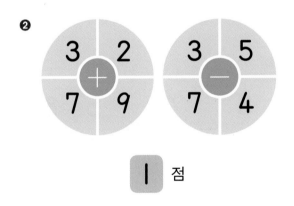

1 점

❸
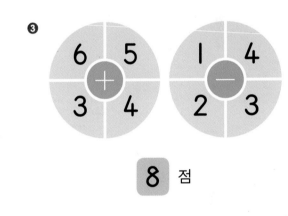

8 점

❹
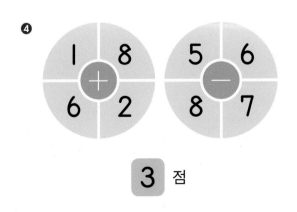

3 점

❺
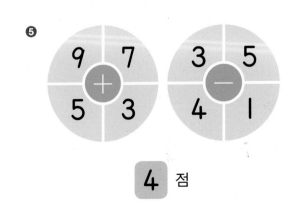

4 점

128 연산자

● 계산에 맞게 + 또는 − 에 ○표 하시오.

$7 \underset{-}{\textcircled{+}} 2 \underset{\textcircled{-}}{+} 3 = 6$

❶ $3 \overset{+}{\underset{-}{}} 4 \overset{+}{\underset{-}{}} 1 = 8$

❷ $8 \overset{+}{\underset{-}{}} 5 \overset{+}{\underset{-}{}} 2 = 5$

❸ $6 \overset{+}{\underset{-}{}} 1 \overset{+}{\underset{-}{}} 6 = 1$

❹ $9 \overset{+}{\underset{-}{}} 3 \overset{+}{\underset{-}{}} 4 = 2$

❺ $5 \overset{+}{\underset{-}{}} 2 \overset{+}{\underset{-}{}} 5 = 8$

❻ $2 \overset{+}{\underset{-}{}} 6 \overset{+}{\underset{-}{}} 3 = 5$

❼ $7 \overset{+}{\underset{-}{}} 1 \overset{+}{\underset{-}{}} 3 = 3$

❽ $4 \overset{+}{\underset{-}{}} 2 \overset{+}{\underset{-}{}} 1 = 7$

❾ $9 \overset{+}{\underset{-}{}} 7 \overset{+}{\underset{-}{}} 4 = 6$

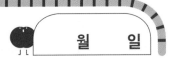

✚ 계산에 맞게 ○ 안에 ＋ 또는 ─를 써넣으시오.

4＋4 ⊖ 3＝5

❶ 5 ◯ 1＋2＝8

❷ 6＋3 ◯ 5＝4

❸ 2 ◯ 1＋6＝7

❹ 7－2 ◯ 4＝9

❺ 3 ◯ 3＋2＝8

3 ⊕ 5 ⊖ 2＝6

❻ 4 ◯ 2 ◯ 1＝7

❼ 8 ◯ 6 ◯ 3＝5

❽ 7 ◯ 1 ◯ 4＝4

❾ 9 ◯ 5 ◯ 1＝3

❿ 6 ◯ 4 ◯ 6＝8

1 빈칸에 알맞은 수를 써넣으시오.

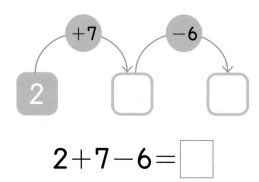

$$2+7-6=\boxed{}$$

2 ◇ 안의 수 중에서 두 수를 사용하여 식을 완성하시오.

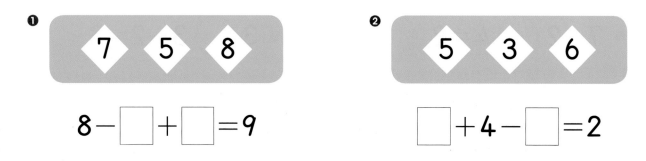

❶ 7 5 8

$$8-\boxed{}+\boxed{}=9$$

❷ 5 3 6

$$\boxed{}+4-\boxed{}=2$$

3 점수에 맞게 과녁판에 세 개의 화살을 그리시오.

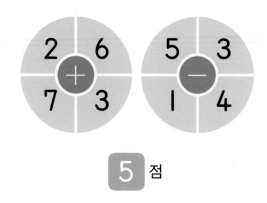

5 점

MEMO

MEMO

사고력셈

정답 및 해설
Guide Book

6세 4호

한 자리 수의 뺄셈과 세 수의 계산

초등 이음

NE

P. 08 ● P. 09

 빼는 셈

097

● 그림을 보고 빈칸에 알맞은 수를 써넣으시오.

 6 − 2 = 4
6에서 2를 빼면 4 입니다.

②  4 − 1 = 3

④  8 − 3 = 5
8에서 3을 빼면 5 입니다.

⑥  6 − 4 = 2

①  5 − 4 = 1
5 빼기 4는 1 과 같습니다.

③  9 − 7 = 2

⑤  3 − 2 = 1
3 빼기 2는 1 과 같습니다.

⑦ 7 − 4 = 3

● 그림을 보고 □ 안에 알맞은 수를 써넣으시오.

 9 − 4 = 5

①  4 − 2 = 2

② 5 − 1 = 4

③ 7 − 2 = 5

④  8 − 6 = 2

⑤  7 − 3 = 4

⑥ 6 − 3 = 3

⑦ 9 − 1 = 8

8

P. 10 ● P. 11

1 주차

비교셈

098

● 그림을 보고 빈칸에 알맞은 수를 써넣으시오.

$8-3=5$

8과 3의 차는 5 입니다.

$9-7=2$

9 빼기 7 은 2 와 같습니다.

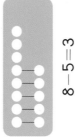

$5-3=2$

5 빼기 3 은 2 와 같습니다.

$7-3=4$

7 빼기 3 은 4 와 같습니다.

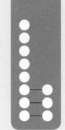

$4-2=2$

4와 2의 차는 2 입니다.

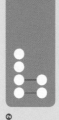

$2-1=1$

2와 1의 차는 1 입니다.

비교셈은 두 부분의 차이로 알아보는 경우입니다. 예를 들어 흰 바둑돌이 8개, 검은 바둑돌이 3개 있다면 흰 바둑돌이 검은 바둑돌보다 5개 더 많다고 대답하는 경우입니다.

● 그림을 보고 알맞은 뺄셈식을 쓰시오.

$5-2=3$

$6-1=5$

$9-3=6$

$8-2=6$

$7-5=2$

$8-5=3$

$4-4=0$

$7-6=1$

가르고 빼기

099

● 위 개수의 차를 구하려고 합니다. □ 안에 알맞은 수를 써넣으시오.

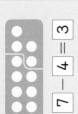

❶ 4 − 1 = 3

❷ 7 − 4 = 3

❸ 9 − 1 = 8

❹ 8 − 2 = 6

❺ 8 − 3 = 5

❻ 6 − 5 = 1

❼ 7 − 5 = 2

❽ 9 − 3 = 6

✚ 차에 맞게 두 부분으로 나누시오. 단, 왼쪽의 개수가 오른쪽보다 더 많습니다.

7
9−2

❶ 2
6−4

❷ 1
5−4

❸ 3
7−4

❹ 6
8−2

❺ 5
7−2

❻ 1
6−5

❼ 4
7−3

❽ 7
8−1

❾ 5
8−3

❿ 8
9−1

⓫ 3
6−3

1 주차

다리 잇기

P. 14 ● P. 15

● 100

● 계산을 한 다음 알맞게 선으로 이으시오.

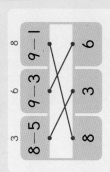

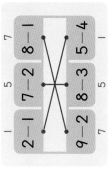

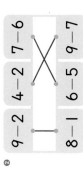

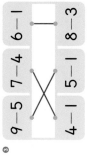

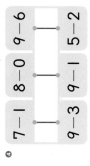

● 계산 결과가 같은 것끼리 선으로 이으시오.

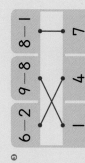

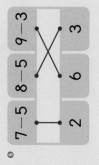

잘 공부했는지 알아봅시다

월   일

1 그림을 보고 □ 안에 알맞은 수를 써넣으시오.

$$6 - 2 = 4$$

6개에서 2개를 빼면 4입니다.

2 그림을 보고 알맞은 뺄셈식을 쓰시오.

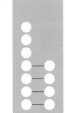

$$7 - 4 = 3$$

7개와 4개를 비교하여
차를 구하면 3입니다.

3 차에 맞게 두 부분으로 나누시오. 단, 왼쪽의 개수가 오른쪽보다 더 많습니다.

❶

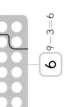

2 5−3=2

❷

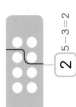

6 9−3=6

4 관계있는 것끼리 선으로 이으시오.

3−2 → 6−4 6−4=2

5−3 → 8−7 8−7=1

3−2=1

5−3=2

② 주차

토너먼트

○ 101

● 짝지은 두 수의 차를 구하여 빈칸에 써넣으시오.

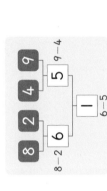

두 수의 차는 큰 수에서 작은 수를 빼면 됩니다.

● 짝지은 두 수의 차를 구하여 아래 빈칸에 써넣으시오.

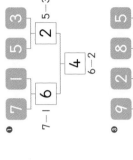

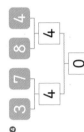

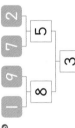
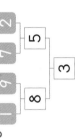

사고셈 ● 19

18

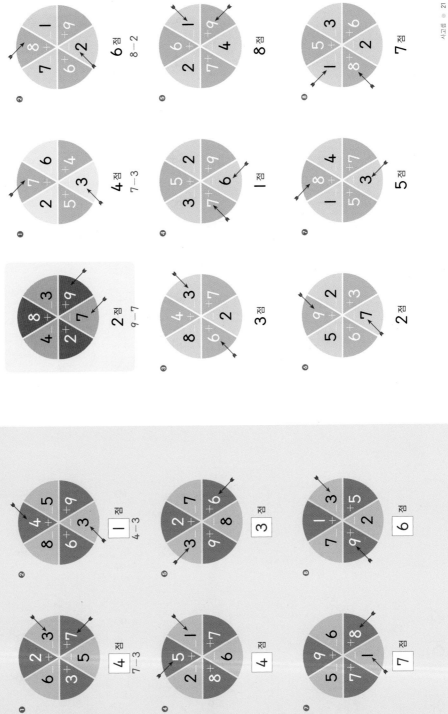

사고셈 | 정답 및 해설

P.20 ● P.21

과녁

102

● + 판은 적힌 수만큼 점수를 얻고, ━ 판은 적힌 수만큼 점수를 잃습니다. 몇 점입니까?

더하는 수와 빼는 수를 ● 점수에 맞게 두 개의 화살을 그리시오.
점 구분하여 해결합니다.

일주차

2

2 주차

월 일
월 일

● 가장 큰 수와 가장 작은 수에 ○표 하고, 두 수의 차를 빈칸에 써넣으시오.

$9 - 1 = 8$

$7 - 3$
4

3

5

4

4

6

3

6

$8 - 2$
6

사고셈 ● 23

---

103 원 안의 수

● 원 안의 수 중 가장 큰 수와 가장 작은 수의 차를 구하시오.

$8 - 2 = 6$

$9 - 4 = 5$

$8 - 5 = 3$

$6 - 1 = 5$

$7 - 1 = 6$

$7 - 2 = 5$

$9 - 7 = 2$

$9 - 1 = 8$

$5 - 3 = 2$

22

신발끈

104

● 선으로 이어진 두 수의 차가 위의 수가 되도록 ▨ 안의 수를 ◯ 안에 써넣으시오.

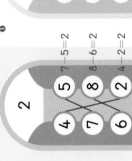

2 3 4

3	
7 ─ 4 = 3
6 ─ 5 = 3
2 ─ 3 = 3

5	
6 ─ 1 = 5
8 ─ 3 = 5
9 ─ 4 = 5

1 8 9

6	
7 ─ 1 = 6
8 ─ 2 = 6
9 ─ 3 = 6

8 7 9

2	
3, 9, 6 — 4, 5, 7

6 5 7

4	
8, 5, 7 — 1, 3, 4

5 3 8

1	
5, 9, 7 — 6, 8, 4

4 7 8

24

◆ 두 수의 차가 위의 수가 되도록 선을 이으시오. 한 곳에는 한 개의 선만 긋습니다.

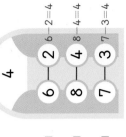

2	
7 ─ 5 = 2
8 ─ 6 = 2
4 ─ 2 = 2

1	
9 ─ 8 = 1
4 ─ 3 = 1
6 ─ 5 = 1

5에서 4를 이으면 3을
이을 수 없으므로 5는
6에 연결해야 합니다.

4	
6 ─ 2 = 4
8 ─ 4 = 4
7 ─ 3 = 4

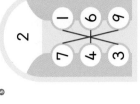

3	
1, 9, 5 — 2, 4, 6

5	
6, 3, 7 — 8, 2, 1

2	
7, 4, 3 — 1, 6, 9

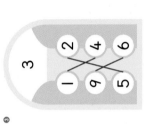

사고셈 ● 25

P. 26

② 주차

잘 공부했는지 알아봅시다

월 일

1 짝지은 두 수의 차를 구하여 그 차를 아래 빈칸에 써넣으시오.

2 점수에 맞게 두 개의 화살이 꽂힌 자리에 ×표 하시오.

❶
4점

❷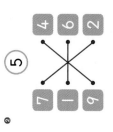
6점

3 두 수의 차가 ◯안의 수가 되도록 선을 이으시오. 한 곳에는 한 개의 선만 긋습니다.

❶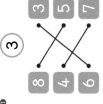

❷

26

③ 주차

105

네모셈

● □ 안에 들어갈 수만큼 /로 지우고, 수를 써넣으시오.

① $7 - \boxed{2} = 5$

② $6 - \boxed{4} = 2$

③ $8 - \boxed{5} = 3$

④ $9 - \boxed{3} = 6$

● □ 안에 들어갈 수만큼 ○를 그리고, 수를 써넣으시오.

④ $4 - 3 = 1$

⑤ $9 - 5 = 4$

⑥ $6 - 3 = 3$

⑦ $8 - 1 = 7$

일 일

□ 안에 수를 넣어 보고 계산해 봅니다.

● □ 안에 들어갈 수에 ○표 하고, 수를 써넣으시오.

① $7 - \boxed{3} = 4$

③ ② ①

$7 - ③ = 4$
$7 - 2 = 5$
$7 - 1 = 6$

② $5 - \boxed{1} = 4$

③ ② ①

$5 - 3 = 2$
$5 - 2 = 3$
$5 - ① = 4$

③ $8 - \boxed{6} = 2$

5 ⑥ 7

$8 - 5 = 3$
$8 - ⑥ = 2$
$8 - 7 = 1$

④ $8 - \boxed{3} = 5$

6 ⑧ 4

⑤ $9 - \boxed{2} = 7$

7 5 ⑨

⑥ $4 - \boxed{2} = 2$

④ 6 3

⑦ 8
  $- \boxed{7}$
  ___
  1

6 9 ⑧

⑧ 9
  $- \boxed{7}$
  ___
  2

2 8 ⑦

⑨ 5
  $- \boxed{3}$
  ___
  2

⑤ 3 4

⑩ 7
  $- \boxed{2}$
  ___
  5

7 5 ② 3

⑪ 3
  $- \boxed{3}$
  ___
  0

③ 8 5

6
$- \boxed{2}$
___
4

5 ⑥ 7

❸ 주차

차수

106

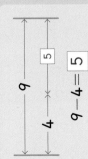

● 빈칸에 알맞은 수를 써넣으시오.

9 / 4 / 5
$$9 - 4 = 5$$

② 5 / 3 / 2
$$5 - 3 = 2$$

④ 8 / 5 / 3
$$8 - 5 = 3$$

⑥ 7 / 3 / 4
$$7 - 3 = 4$$

① 7 / 1 / 6
$$7 - 1 = 6$$

③ 6 / 5 / 1
$$6 - 5 = 1$$

⑤ 9 / 2 / 7
$$9 - 2 = 7$$

⑦ 8 / 4 / 4
$$8 - 4 = 4$$

● 빈칸에 알맞은 수를 써넣으시오.

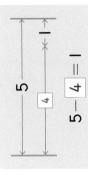

5 / 4 / 1
$$5 - 4 = 1$$

① 8 / 6 / 2
$$8 - 6 = 2$$

③ 6 / 3 / 3
$$6 - 3 = 3$$

⑤ 7 / 4 / 3
$$7 - 4 = 3$$

⑦ 9 / 4 / 5
$$9 - 4 = 5$$

② 7 / 2 / 5
$$7 - 2 = 5$$

④ 9 / 6 / 3
$$9 - 6 = 3$$

⑥ 8 / 2 / 6
$$8 - 2 = 6$$

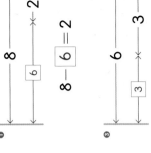
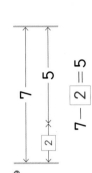
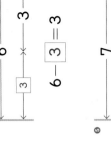
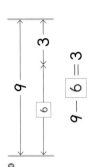
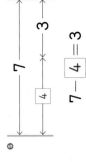
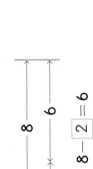
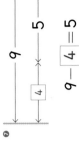

107

두줄표

● 빈칸에 알맞은 수를 써넣으시오.

7 9 8
1 3 2
7-6 9-6 8-6

● 빈칸에 알맞은 수를 써넣으시오.

● 안의 수부터 구합니다.

5 3 4 9
3 1 2 7
3-2 4-2 9-2
5-2=3이므로
● 안의 수는 2입니다.

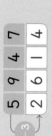

6 8 7
1 3 2
6-5 7-5
8-5=3이므로
● 안의 수는 5입니다.

사고셈 ● 33

32

●108 뺄셈 수직선

● 빈칸에 알맞은 수를 써넣으시오.

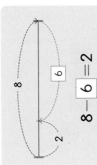

$9 - 3 = 6$

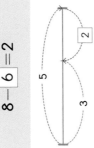

$8 - 4 = 4$

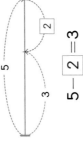

$7 - 4 = 3$

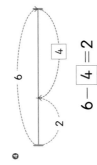

$7 - 4 = 3$

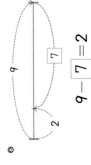

$9 - 5 = 4$

수직선에서
위의 파란색 화살은 덧
셈, 밑의 빨간색 화살은
뺄셈을 나타냅니다.
밑의 검은색 점선은 두
수의 거리를 나타냅니다.

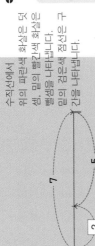

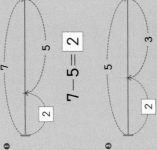

$7 - 5 = 2$

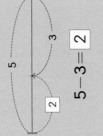

$5 - 3 = 2$

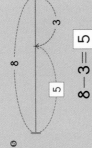

$8 - 3 = 5$

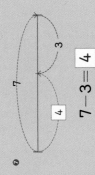

$7 - 3 = 4$

● 빈칸에 알맞은 수를 써넣으시오.

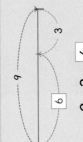

$6 - 3 = 3$

$9 - 5 = 4$

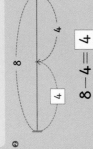

$4 - 3 = 1$

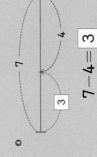

$7 - 4 = 3$

⊕ 빈칸에 알맞은 수를 써넣으시오.

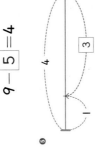

$8 - 6 = 2$

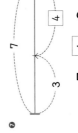

$5 - 2 = 3$

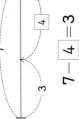

$6 - 4 = 2$

$9 - 7 = 2$

잘 공부했는지 알아봅시다

월 일

1 □ 안에 들어갈 수에 ○표 하고, 수를 써넣으시오.

① $6 - \boxed{3} = 3$

4 ③ 2

② $9 - \boxed{2} = 7$

8 5 ⑨

2 빈칸에 알맞은 수를 써넣으시오.

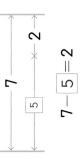

$7 - \boxed{5} = 2$

3 빈칸에 알맞은 수를 써넣으시오.

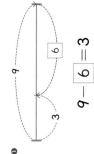

8	3	5	7
6	1	3	5

−2

4 빈칸에 알맞은 수를 써넣으시오.

①

$9 - \boxed{6} = 3$

②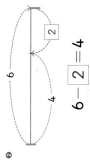

$6 - \boxed{2} = 4$

P.36

③ 주차

36

④ 주차

페어식

109

● □ 안에 알맞은 수를 넣어 뺄셈식을 완성하시오.

보기

2 5 7

$7 - 2 = 5$

$7 - 5 = 2$

① 6 9 3

$9 - 3 = 6$

$9 - 6 = 3$

② 1 7 8

$8 - 1 = 7$

$8 - 7 = 1$

③ 4 6 2

$6 - 2 = 4$

$6 - 4 = 2$

④ 5 4 1

$5 - 1 = 4$

$5 - 4 = 1$

⑤ 3 4 7

$7 - 3 = 4$

$7 - 4 = 3$

⑥ 9 2 7

$9 - 2 = 7$

$9 - 7 = 2$

⑦ 8 5 3

$8 - 3 = 5$

$8 - 5 = 3$

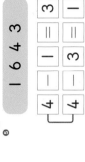

● 안의 수 중 세 개를 골라 뺄셈식 2개를 만드시오.

보기

3 6 2 5

$5 - 2 = 3$

$5 - 3 = 2$

① 4 8 1 7

$8 - 1 = 7$

$8 - 7 = 1$

② 1 3 6 5

$6 - 1 = 5$

$6 - 5 = 1$

③ 2 3 4 7

$7 - 3 = 4$

$7 - 4 = 3$

④ 9 2 8 7

$9 - 2 = 7$

$9 - 7 = 2$

⑤ 1 6 4 3

$4 - 1 = 3$

$4 - 3 = 1$

⑥ 3 8 5 7

$8 - 3 = 5$

$8 - 5 = 3$

⑦ 6 4 3 9

$9 - 3 = 6$

$9 - 6 = 3$

뺄셈표

110

● 가로, 세로로 빼서 빈칸에 알맞은 수를 써넣으시오.

● 뺄셈표의 빈칸에 알맞은 수를 써넣으시오.

먼저 가로줄 또는 세로줄에 있는 수를 구합니다.

뺄셈표는 세로줄의 수에서 가로줄의 수를 빼서 만든 표입니다.

① 4 - 1 = 3
② 9 - 3 = 6
③ 4 - 3 = 1
④ 9 - 1 = 8

① 7 - 5 = 2
② 7 - 4 = 3
③ 5 - 4 = 1
④ 5 - 5 = 0

① 6 - 2 = 4
② 8 - 3 = 5
③ 8 - 2 = 6
④ 6 - 3 = 3

④ 주차

상자수

111

상자 안의 두 수를 뽑아 차를 구할 때, 차가 되는 수에 ○표 하시오.

 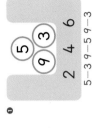

상자 안의 두 수를 뽑아 차를 구할 때, 차가 되는 수를 모두 쓰시오.

   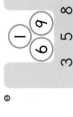  

식 완성

● 112 식 완성

● 세 수를 찾아 뺄셈식을 완성하시오.

3 (7−2=5) 4

② 5−4=1 2 6

④ 5 9 (6−2=4)

⑤ (4−1=3) 7 5

⑧ 3 8 (9−7=2)

⑩ (8−5=3) 1 6

❷ 4 6 (8−6=2)

❸ 7 (6−3=3) 1

❻ 8 5 (7−6=1)
(9−5=4) 3

❾ 2 1 (7−4=3)

❿ (9−8=1) 6 2

❖ 세 수를 찾아 뺄셈식 세 개를 완성하시오.

①
4	(9−3=6)
4	7	2
(8−1=7)		
9	5	1

③
9	4	(6−1=3)
(5	4	3)
3	7	9
2	5	8
(6−4=2)

⑤
6	(7−2=5)
9	8	4	3
9	7	(4−2=2)
2	1	5	8

◆ 예시
4	(6−3=3)
5	8	7
3	(4−1=3)
(4)	6	2
7	4	4

②
| 9 | 5 | 1 | 2 |
| (7−4=3) |
| 4 | 6 | 8 | 9 |
| 8 | (3−1=2) |

④
(8−3=5)	4
(9−1=8)	2
2	6	4	(1)
8	3	6

4 주차

잘 공부했는지 알아봅시다

1 □안의 수 중 세 개를 골라 올바른 뺄셈식 두 개를 만드시오.

2 8 7 5

7 − 2 = 5

7 − 5 = 2

2 뺄셈표의 빈칸에 알맞은 수를 써넣으시오.

❶

−	3	5
5	2	0
9	6	4

뺄셈표는 세로줄의 수에서 가로줄의 수를 뺄셈 만든 표입니다.

❷

−	4	3
6	2	3
8	4	5

3 상자 안의 두 수를 뽑아 차를 구할 때, 차가 되는 수를 모두 쓰시오.

1 3 4

46

113 더하고 더하기

● 그림을 보고 □ 안에 알맞은 수를 써넣으시오.

①
2+3+2=7

③
1+2+1=4

⑤
1+4+3=8

⑦
3+3+3=9

②
3+2+3=8

④
5+2+2=9

⑥
1+4+2=7

⑧
4+1+3=8

● 빈칸에 알맞은 수를 써넣으시오.

세 수의 덧셈은 앞의 두 수를 더하고 계산 결과에 나머지 수를 더합니다.

① 2 +1→ 3 +2→ 5
2+1+2=5

③ 5 +2→ 7 +2→ 9
5+2+2=9

⑤ 4 +1→ 5 +3→ 8
4+1+3=8

4 +3→ 7 +2→ 9
4+3+2=9

② 1 +4→ 5 +3→ 8
1+4+3=8

④ 3 +2→ 5 +1→ 6
3+2+1=6

사고셈 ≪ 49

5 주차

114 세 수 수직선

● □ 안에 알맞은 수를 써넣으시오.

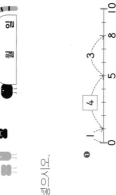

$2+2+4=8$

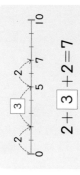

② $2+4+3=9$

④ $1+2+1=4$

⑥ $2+4+1=7$

① $1+2+3=6$

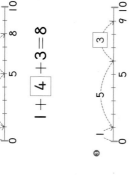

③ $3+3+1=7$

⑤ $5+1+2=8$

⑦ $7+1+1=9$

❋ 수직선을 보고 빈칸에 알맞은 수를 써넣으시오.

$2+\boxed{3}+2=7$

② $2+2+1=5$

④ $1+1+\boxed{4}=6$

⑥ $4+\boxed{3}+2=9$

① $1+\boxed{4}+3=8$

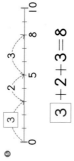

③ $1+5+\boxed{3}=9$

⑤ $\boxed{3}+2+3=8$

⑦ $1+\boxed{5}+1=7$

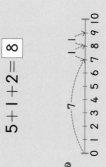
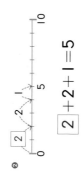
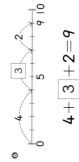

P. 52 ● P. 53

미로 통과

■ 미로를 통과하면서 만나는 세 수의 합을 구하여 써 보시오.

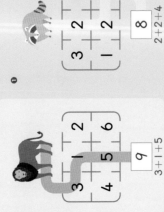

$3+1+5$
9

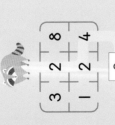

$3+4+2$
9

$2+2+4$
8

7

7

6

● 미로를 통과하면서 만나는 세 수의 합이 ■ 안의 수가 되도록 선을 그어야 합니다. 3개의 방을 통과해야 합니다.

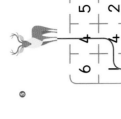

$2+3+2$
7

$1+3+5$
9

$4+1+1$
6

8

7

9

월   일

⑤ 주차

●116 사다리 타기

● 빈칸에 알맞은 수를 써넣으시오.

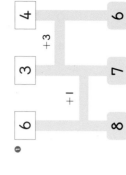

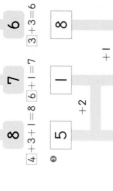

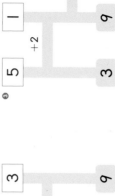

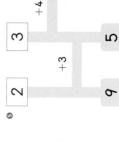

● 빈칸에 알맞은 수를 써넣으시오.

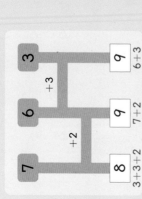
$5+4=9$ $2+2=4$ $1+4+2=7$

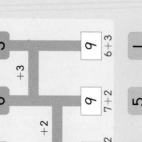

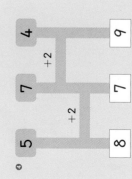

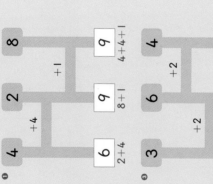
$4+3+1=8$ $6+1=7$ $3+3=6$

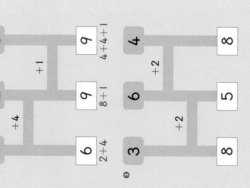

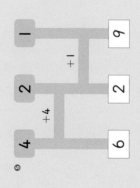

5 주차

잘 공부했는지 알아봅시다

월   일

1 빈칸에 알맞은 수를 써넣으시오.

❶

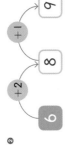

3 → 4 → 8

$3+1+4=8$

❷

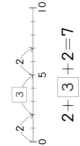

6 → 8 → 9

$6+2+1=9$

2 수직선을 보고 빈칸에 알맞은 수를 써넣으시오.

❶

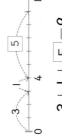

$2+3+2=7$

❷

$3+1+5=9$

3 미로를 통과하면서 만난 세 수의 합이 ▨ 안의 수가 되도록 선을 그으시오.

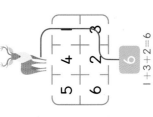

| 5 | 4 | |
| 6 | 2 | 3 |

6

$1+3+2=6$

56

P. 58 ● P. 59

6 주차

117 애드벌룬

● ○ 안의 수가 합이 되는 세 수를 찾고 아닌 수에 ×표 하시오.

1+6+2=9

1+4+3=8

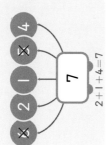

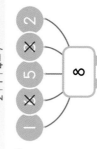

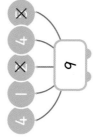

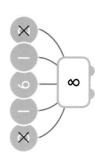
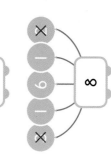

● ○ 안의 수가 합이 되는 세 수를 찾고, 아닌 수 두 개에 ×표 하시오.

4+3+2=9

2+1+4=7

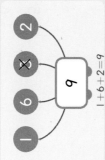
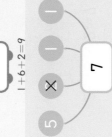

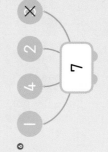
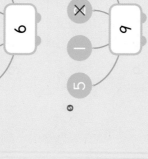

월 일

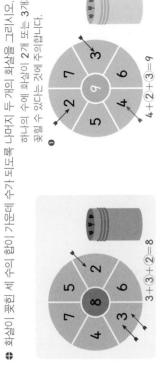
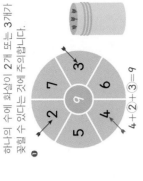
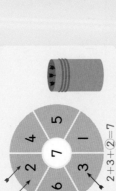
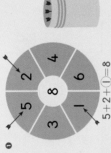

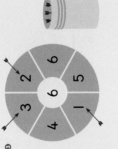
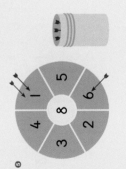
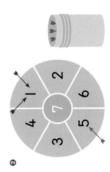
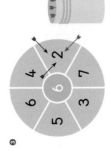
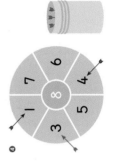
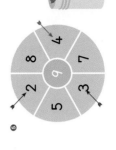

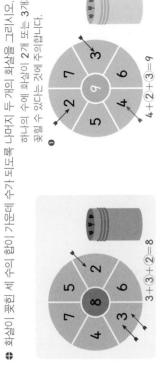

세 화살

118

● 화살이 꽂힌 세 수의 합이 가운데 수가 되도록 나머지 한 개의 화살을 그리시오.

$5+2+1=8$

$2+3+2=7$

● 화살이 꽂힌 세 수의 합이 가운데 수가 되도록 나머지 두 개의 화살을 그리시오.

하나의 수에 화살이 2개 또는 3개가 꽂힐 수 있는 것에 주의합니다.

$4+2+3=9$

$3+3+2=8$

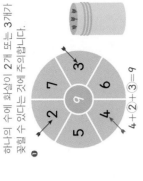

⑥ 주차

119 일차

울타리

● 나누어진 세 수의 합이 같도록 빈칸에 알맞은 수를 써넣으시오.

2+3+4=9
1+5+③=9

5+1+2=8
1+⑥+1=8

1+3+③=7
2+1+4=7

● 세 수의 합이 같도록 두 부분으로 나누시오.

5+1+2=8
1+4+3=8

1+5+1=7
3+1+3=7

2+4+3=9
6+2+1=9

수 묶기

120

● 이웃한 세 수의 합이 ● 안의 수가 되도록 ◯로 묶으시오.

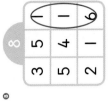

② 8 3 2 6 1
6+1+1=8

② 7 3 4 1 2 5

④ 9 6 2 1 7 4

⑥ 5 2 1 3 1 2

⑧ 6 4 2 1 1 4

⑩ 8 1 7 2 1 5

① 5 2 6 2 2 1
2+2+1=5

③ 6 2 3 1 5 4

⑤ 8 1 3 2 3 6

⑦ 7 3 1 3 2 1

⑨ 4 2 3 2 1

⑩ 9 5 2 2 3 6

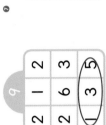

⑥ 주차

64

월 일

❖ 한 줄에 놓인 세 수의 합이 ● 안의 수가 되도록 ◯로 묶으시오.

② 9
2	1	1
2	5	3
4	2	3
4+2+3=9

⑤ 5
3	3	3
2	1	2
4	2	4

⑧ 8
1	1	6
3	4	1
5	5	2

① 7
5	4	1
1	2	2
1	2	3
1+5+1=7

④ 8
1	3	4
2	4	3
2	2	2

⑦ 7
3	1	5
2	1	2
2	4	2

⑥ 6
3	3	3
2	5	5
1	3	1
1+3+2=6

③ 6
2	2	2
3	3	3
4	2	4

⑨ 9
2	1	2
2	6	3
1	3	5

사고셈 ● 65

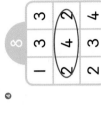

사고셈 | 정답 및 해설

P.64 • P.65

⑥ 주차

잘 공부했는지 알아봅시다

월　　일

1 ☐ 안의 수가 합이 되는 세 수를 찾고, 아닌 수 두 개에 ×표 하시오.

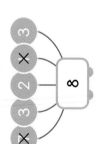

×　3　2　×　3

8

2 세 수의 합이 같도록 두 부분으로 나누시오.

①

5	2	2
1	7	1

$5+2+2=9$
$1+7+1=9$

②

3	5	1
1	3	1

$3+1+3=7$
$1+5+1=7$

3 한 줄에 놓인 세 수의 합이 ● 안의 수가 되도록 ◯으로 묶으시오.

① 8

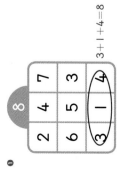

2	4	7
6	5	3
3	1	4

$3+1+4=8$

② 5

3	2	3
1	4	2
4	2	1

$1+3+1=5$

빼고 빼기

121

● 그림을 보고 □ 안에 알맞은 수를 써넣으시오.

8 - 3 - 2 = 3

① 5 - 3 - 1 = 1

③ 8 - 2 - 2 = 4

⑤ 6 - 3 - 2 = 1

⑦ 9 - 3 - 4 = 2

② 9 - 4 - 1 = 4

④ 4 - 1 - 1 = 2

⑥ 7 - 2 - 1 = 4

뺄셈이 2번 있는 세 수
의 계산은 먼저 앞의 두
수의 차를 구한 다음 그
계산 결과에서 나머지
수를 뺍니다.

● 빈칸에 알맞은 수를 써넣으시오.

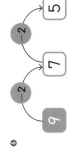

① 8 - 4 - 1 = 3

③ 6 - 1 - 4 = 1

⑤ 9 - 2 - 2 = 5

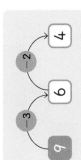

9 - 3 - 2 = 4

② 7 - 2 - 3 = 2

④ 8 - 5 - 1 = 2

P.68 ● P.69

7 주차

계단셈

● 122

● 빈칸에 알맞은 수를 써넣으시오.

8 $-1\to$ 7 $-4\to$ 3 (8-1=7, 7-4=3)
8 $-1\to$ 7 $-4\to$ 3

② 7 $-2\to$ 5 $-3\to$ 2
7 $-2\to$ 5 $-3\to$ 2

④ 9 $-2\to$ 7 $-5\to$ 2
9 $-2\to$ 7 $-5\to$ 2

① 5 $-1\to$ 4 $-1\to$ 3 (5-1=4, 4-1=3)
5 $-1\to$ 4 $-1\to$ 3

③ 6 $-4\to$ 2 $-1\to$ 1
6 $-4\to$ 2 $-1\to$ 1

⑤ 8 $-4\to$ 4 $-1\to$ 3
8 $-4\to$ 4 $-1\to$ 3

● 빈칸에 알맞은 수를 써넣으시오.

① 6 $-2\to$ 4 $-3\to$ 1 (6-2=4, 4-3=1)
6 $-2\to$ 4 $-3\to$ 1

③ 5 $-2\to$ 3 $-2\to$ 1
5 $-2\to$ 3 $-2\to$ 1

⑤ 7 $-3\to$ 4 $-4\to$ 0
7 $-3\to$ 4 $-4\to$ 0

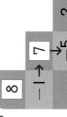

8 $-2\to$ 6 $-4\to$ 2 (8-2=6, 6-4=2)
8 $-2\to$ 6 $-4\to$ 2

② 9 $-3\to$ 6 $-2\to$ 4
9 $-3\to$ 6 $-2\to$ 4

④ 8 $-1\to$ 7 $-5\to$ 2
8 $-1\to$ 7 $-5\to$ 2

식 완성

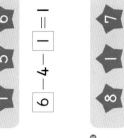

123

● ★ 안의 수 중에서 한 개의 수를 사용하여 식을 완성하시오.

3 5 2

8 - 3 - 3 = 2
8 - 3 - 3 = 2
8 - 5 - 2 = 1
8 - 2 - 2 = 4

② 7 9 6
9 - 4 - 2 = 3

④ 5 3 4
7 - 4 - 2 = 1

⑥ 9 8 7
8 - 1 - 5 = 2

□ 안의 수를 직접 넣어 계산해 봅니다.

① 8 2 7
7 - 2 - 1 = 4
8 - 2 - 1 = 5
6 - 2 - 1 = 3
7 - 2 - 1 = 4

③ 1 3 2
6 - 1 - 3 = 2

⑤ 1 5 6
5 - 1 - 1 = 3

⑦ 3 4 2
9 - 3 - 2 = 4

● ★ 안의 수 중에서 두 개의 수를 사용하여 식을 완성하시오.

9 4 3
9 - 2 - 4 = 3

② 3 2 5
5 - 2 - 2 = 1

④ 2 3 6
6 - 1 - 2 = 3

⑥ 3 8 9
8 - 3 - 4 = 1

① 1 5 6
6 - 4 - 1 = 1

③ 8 1 7
8 - 1 - 3 = 4

⑤ 4 7 3
7 - 2 - 3 = 2

⑦ 4 9 8
9 - 4 - 3 = 2

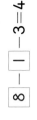 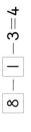    

⑦ 주차

자동차 길

● 124

● 길을 따라 계산하여 빈칸에 알맞은 수를 써넣으시오.

$7 - 1 - 3 = 3$

● 계산 결과에 맞게 자동차 길을 그리시오.

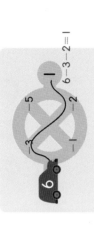

$8 - 2 - 1 = 5$

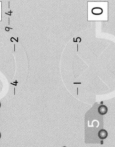

$6 - 3 - 2 = 1$

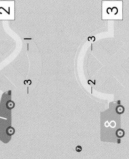

잘 공부했는지 알아봅시다

월 일

1 빈칸에 알맞은 수를 써넣으시오.

❶ 8 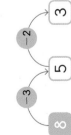 5 —2→ 3

8−3−2=3

❷ 7  6 −4→ 2

7−1−4=2

2 빈칸에 알맞은 수를 써넣으시오.

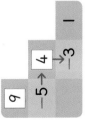

9 −5→ 4 −3→ 1

3 ☆ 안의 수 중에서 두 수를 사용하여 식을 완성하시오.

❶  7 4 2

7−3−2=2

❷  3 4 8

8−4−1=3

76

⑦ 주차

P.76

사고셀 | 정답 및 해설

⑧ 주차

125 더하고 빼기

● 더한 수만큼 ○를 그리고, 빼는 수만큼 /로 지워 계산을 하시오.

① ●●●○○∅∅
$3+4-2=5$

② ●●○○○○∅
$2+5-1=6$

⑤ ●●●●●/∅∅○○
$3-2+4=5$

⑤ ●●●●●/∅/∅/∅○○
$7-5+2=4$

① ●●●●●/∅∅∅
$5+3-4=4$

③ ●●●●●//∅/∅∅∅
$7+2-6=3$

④ ●●●●●//∅/∅○○
$8-3+1=6$

⑥ ●●●●/∅○○○
$5-4+3=4$

앞의 두 수를 먼저 계산 ➕ 빈칸에 알맞은 수를 써넣으시오.
한 다음 그 계산 결과에
나머지 수를 계산합니다.

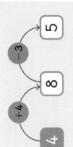

$4+4-3=5$

② 9 → 3 → 7
$9-6+4=7$

④ 7 → 8 → 3
$7+1-5=3$

① 6 → 4 → 9
$6-2+5=9$

③ 1 → 9 → 2
$1+8-7=2$

⑤ 8 → 5 → 6
$8-3+1=6$

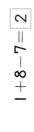

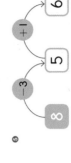

126 혼합식 완성

◆ 안의 수 중 한 개의 수를 사용하여 식을 완성하시오.

● 보기
boxes: 2 4 3

$$5 + \boxed{3} - 2 = 6$$
$$5 + 2 - 2 = 5$$
$$5 + \boxed{3} - 2 = 6$$
$$5 + 4 - 2 = 7$$

□ 안의 수를 직접 넣어 계산해 봅니다.

① boxes: 1 5 6
$$6 - \boxed{5} + 3 = 4$$
$$6 - 1 + 3 = 8$$
$$6 - \boxed{5} + 3 = 4$$
$$6 - 6 + 3 = 3$$

② boxes: 7 8 6
$$8 - \boxed{7} + 5 = 6$$

③ boxes: 5 6 4
$$2 + \boxed{4} - 1 = 5$$

④ boxes: 3 2 1
$$3 + \boxed{2} - 2 = 3$$

⑤ boxes: 6 2 3
$$7 - \boxed{3} + 4 = 8$$

⑥ boxes: 5 6 4
$$9 - \boxed{5} + 3 = 7$$

⑦ boxes: 3 1 2
$$4 + \boxed{1} - 2 = 3$$

◈ ◇ 안의 수 중에서 두 수를 사용하여 식을 완성하시오.

● 보기
boxes: 1 6 4

$$8 - \boxed{4} + \boxed{1} = 5$$

① boxes: 6 3 1
$$6 + \boxed{1} - \boxed{1} = 6$$

② boxes: 5 3 4
$$4 + 2 - \boxed{3} = 3$$
또는 5 ... 4

③ boxes: 6 4 7
$$7 - \boxed{6} + \boxed{7} = 8$$

④ boxes: 2 5 7
$$9 - \boxed{5} + \boxed{2} = 6$$

⑤ boxes: 7 1 5
$$\boxed{1} + 6 - \boxed{5} = 2$$

⑥ boxes: 2 1 4
$$2 + 7 - \boxed{4} = 5$$

⑦ boxes: 3 4 1
$$6 - \boxed{1} + \boxed{4} = 9$$

⑧ 주차

① 127 양과녁셈

● 왼쪽 과녁판의 점수는 더하고, 오른쪽 과녁판의 점수는 뺍니다. 몇 점입니까?
더하는 수와 빼는 수를 잘 구분하여 해결합니다.

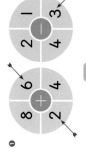
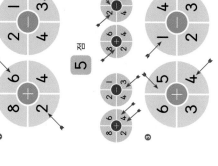

●

1
$7 - 2 - 4$

❷
5

❸
6

❹
2

❺
4

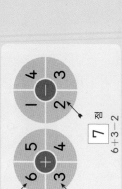

7
$6 + 3 - 2$

● 점수에 맞게 과녁판에 화살을 세 개 그리시오.

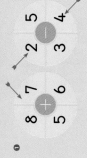
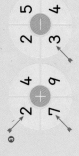
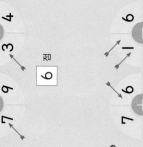
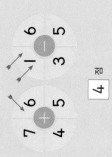

여러 가지 답이 있습니다.
개선하여 답을 확인합니다.

❶
5

❷
2
$7 - 1 - 4$
$7 - 4 - 1$

❸
8

❹
점

❺
4

점

3

1

월 일

사고셈 ● 83

P.84 ● P.85

125 연산자

● 계산에 맞게 ○ 안에 + 또는 −를 써넣으시오.

4+4 ○ 3=5 → 4+4 − 3=5

① 5 + 1+2=8

② 6+3 − 5=4

③ 2 − 1+6=7

④ 7−2 + 4=9

⑤ 3 + 3+2=8

3 + 5 − 2=6

⑥ 4 + 2 − 1=7

⑦ 8 − 6 + 3=5

⑧ 7 + 1 − 4=4

⑨ 9 − 5 − 1=3

⑩ 6 − 4 + 6=8

---

128 연산자

● 계산에 맞게 + 또는 −에 ○표 하시오.

7 ⊕ 2 ⊖ 3=6
7+2−3=6

① 3 ⊕ 4 ⊕ 1=8
3+4+1=8

③ 6 ⊕ 1 ⊖ 6=1

⑤ 5 ⊕ 2 ⊖ 5=8

⑦ 7 ⊕ 1 ⊖ 3=3

⑨ 9 ⊕ 7 ⊖ 4=6

② 8 ⊕ 5 ⊖ 2=5

④ 9 ⊕ 3 ⊖ 4=2

⑥ 2 ⊕ 6 ⊖ 3=5

⑧ 4 ⊕ 2 ⊖ 1=7

P. 86

8 주차

잘 공부했는지 알아봅시다

월 일

1 빈칸에 알맞은 수를 써넣으시오.

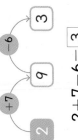

$2+7-6=\boxed{3}$

2 ◇ 안의 수 중에서 두 수를 사용하여 식을 완성하시오.

① 7 5 8

$8-\boxed{7}+8=9$

② 5 3 6

$3+4-\boxed{5}=2$

3 점수에 맞게 과녁판에 세 개의 화살을 그리시오.

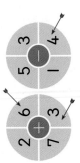

5 점

이외에도 여러 가지 답이 있습니다.